Königs Erläuterungen und Materialien
Band 1

Erläuterungen zu

Friedrich Schiller

Wilhelm Tell

von Hans Ulrich Lindken

C. Bange Verlag – Hollfeld

Herausgegeben von Klaus Bahners, Gerd Eversberg
und Reiner Poppe

6. Auflage 1995

ISBN 3-8044-0412-X

Druck: Druckhaus Beyer GmbH, Langgasse 25, 96142 Hollfeld

Inhaltsverzeichnis

Vorbemerkung

Es ist oft und heftig darüber gestritten worden, ob Schillers ‚Tell' als Lektüre für die 8. oder 9. Klasse (aller Schularten) geeignet sei. Grundsätzlich ist zu bedenken, daß es mißlich ist und lediglich als Behelf angesehen werden muß, ein für die Bühne bestimmtes und konzipiertes Werk, zumal eines Schillerscher Prägung, nur lesen zu wollen. Im übrigen soll der fruchtlos erscheinende Didaktikstreit hier nicht angerührt werden. Jedem Unterrichtenden sollte man zutrauen können, daß er abzuschätzen weiß, welchen Gruppen oder Klassen er ein Werk wie Schillers ‚Wilhelm Tell' zur Lektüre zumuten kann. Heinz Tischer setzt sich in dem Band ‚Schillers »Wilhelm Tell«' (Analysen und Reflexionen. Bd. 5. Hollfeld: **J. Beyer 1973**) ausführlich mit dieser Frage auseinander. Auf diesen Band sei hier ausdrücklich verwiesen. Ähnlich wie bei Tischer, aber doch entschieden nachdrücklicher, sei vor der These Rolf Geißlers vom Nutzen ‚literarischer Verfrühung' gewarnt. Die Schüler stehen heutzutage trotz aller Didaktikerphilosophie (oder vielleicht aufgrund dieser ‚Philosophie') vor derart vielen schwierigen Lernproblemen, und übermäßig viele Schüler sind bereits vom Didaktiker-Kisuaheli verwirrt, daß eine zusätzliche Belastung infolge ‚literarischer Verfrühung' in keiner Weise vertretbar erscheint.

1. Schiller-Chronologie

10. 11. 1759	Johann Christoph Friedrich Schiller, geboren in Marbach/Neckar. Eltern: Johann Kaspar Schiller/Elisabeth Dorothea, geb. Kodweiß;
1767	Eintritt in die Lateinschule in Ludwigsburg. Schiller soll später Geistlicher werden;
1773	Eintritt in die ‚Militär-Pflanzschule' des Herzogs Karl Eugen von Württemberg auf der Solitude bei Stuttgart;
1774	Beginn des Jurastudiums an der Militärakademie;
1775	Verlegung der Militärakademie unter dem Namen ‚Hohe Karlsschule' nach Stuttgart. Abbruch des Jurastudiums; Beginn des Medizinstudiums;
31. 12. 1780	Entlassung aus der Karlsschule. Regimentsmedikus in Stuttgart;
1781	Die Räuber. Ein Schauspiel **erscheint anonym.**
1782	Uraufführung der Räuber in Mannheim. Verbot jeglicher schriftstellerischer Arbeit durch Karl Eugen;
22. 9. 1782	Schillers Flucht nach Mannheim;
3. 10. 1782	Ablehnung des Fiesco durch den Mannheimer Theaterintendanten Dalberg;
30. 11. 1782	Schiller reist über Frankfurt und Meiningen nach Bauerbach. Dort lebt er als ‚Dr. Ritter'. Arbeit an dem Drama ‚Luise Millerin';
1783	Abschluß der ‚Luise Millerin' (später: Kabale und Liebe), Beschäftigung mit dem ‚Don Carlos'. ‚Fiesco' in Bonn uraufgeführt. Engagement als Mannheimer Theaterdichter.
1774	Erstaufführung des ‚Fiesco' in Mannheim. Uraufführung von ‚Kabale und Liebe';
1787	Buchausgabe des ‚Don Carlos'. Reise nach Hamburg und Weimar. Bekanntschaft mit Wieland und Herder. Uraufführung des ‚Don Carlos' in Hamburg;

1788	Schiller in Rudolstadt, Bekanntschaft der Familie v. Lengefeld. Begegnung mit Goethe;
1789	Ernennung zum Professor in Jena, Übersiedlung nach Jena. Vorlesungen über Universalgeschichte. Begegnung mit Wilhelm von Humboldt;
1790	Heirat mit Charlotte v. Lengefeld. 31. Oktober, Besuch Goethes bei Schiller.
1791	Schwere Erkrankung Schillers. Beschäftigung mit der Philosophie Kants. Juli/August: Erholungsreise nach Karlsbad. 13. Dezember, eine jährl. Dotation von 1000 Talern für drei Jahre durch den Herzog von Augustenburg sichern Schiller finanzielle Unabhängigkeit;
1793	Über Anmut und Würde. Geburt des Sohnes Karl Ludwig Friedrich. Begegnung mit Hölderlin.
1794	Beginn des Briefwechsels Goethe/Schiller. Schiller zu Besuch bei Goethe in Weimar;
1796	In gemeinsamer Arbeit mit Goethe entstehen die Xenien. Plan des ‚Wallenstein'. 7. September. Tod des Vaters. Häufige Besuche Humboldts;
1797	Arbeit am ‚Wallenstein'. Goethe zu Besuch in Jena: Gespräche über ‚Wallenstein' und ‚Hermann und Dorothea'. Schiller zieht in das neuerworbene Gartenhaus in Jena. Im Juli: Schiller in Weimar bei Goethe. Entstehung der großen ‚Balladen';
1798	Arbeit am ‚Wallenstein'. Verschiedene Besuche Goethes in Jena und Schillers in Weimar. 12. Oktober. Uraufführung ‚Wallensteins Lager' in Weimar;
1799	30. Januar. Uraufführung: ‚Die Piccolomini' in Weimar. 20. April. Uraufführung: ‚Wallensteins Tod' in Weimar. Arbeit an ‚Maria Stuart'. 3. Dezember. Umzug nach Weimar;
1800	Maria Stuart in Weimar uraufgeführt. Beginn mit ‚Die Jungfrau von Orleans'. Über naive und sentimentale Dichtung.

1801	Maria Stuart Buchausgabe. ‚Die Jungfrau von Orleans' in Leipzig uraufgeführt. Bearbeitung von Gozzis ‚Turandot';
1802	29. April. Tod von Schillers Mutter. Beginn der Arbeit an der ‚Braut von Messina'. Schiller erhält den Adelstitel. 19. März. Uraufführung der ‚Braut von Messina' in Weimar. Juli. Beginn der Beschäftigung mit **‚Wilhelm Tell'**;
1804	Uraufführung **‚Wilhelm Tell'** in Weimar. Juli: schwere Erkrankung. Oktober: **Wilhelm Tell** erscheint im Druck. Beginn der Arbeit am ‚Demetrius'. 9. Mai: Tod Schillers. 11. Mai: Bestattung. 16. Dezember 1827: Überführung in die Fürstengruft zu Weimar.

2. Zum Schauspiel „Wilhelm Tell"

2.1 Die historischen Ereignisse
(nach Tschudis ‚Chronicon')

1304	Schwyz, Unterwalden und Uri ersuchen König Albrecht I. von Habsburg um Entsendung eines Reichsvogtes, der in den reichsunmittelbaren Gebieten als höchster Gerichtsherr wirken soll. Der König setzt die Landvögte Geßler und Landenberg ein. Letzterer ernennt Wolfenschießen zum Vogt auf der Burg Roßberg.
1305	Wiederholte Klagen der freien Waldstätte über die Tyrannei der Vögte werden vom König abgewiesen.
1306	Wolfenschießen wird von Baumgarten erschlagen, da er dessen Frau belästigt hatte. König Albrecht vertröstet Herzog Johann von Schwaben (Parricida) bezüglich seines Erbanspruches.
1307	Ein Knecht Landenbergs wird von Melchtal verwundet; zur Vergeltung wird der Vater Melchtals geblendet. Geßler läßt

das Zwing Uri errichten und stellt den Geßlerhut auf. Baumgarten, Walter Fürst und Melchtal verbünden sich mit dem Ziel, das Land von der Gewaltherrschaft zu befreien. Alle freiheitsliebenden Männer in den Waldstätten sollen sich auf dem Rütli treffen. Werner von Attinghausen und andere Mitglieder des heimischen Adels geraten in Konflikte mit den Vögten. Herzog Johann wird wiederum mit seinem Erbanspruch vom König abgewiesen. In Zusammenkünften auf dem Rütli beschließt man, mit dem Aufstand bis zum Dezember zu warten. Tell weigert sich, den Geßlerhut zu grüßen, wird in Haft genommen und gezwungen, den Apfelschuß zu tun, kann auf der Bootsfahrt zu Geßlers Burg entkommen und erschießt den Landvogt.

1308 Roßberg, Sarnen und Zwing Uri fallen den aufständischen Bauern in die Hand. Die Eidgenossen schwören sich gegenseitigen Beistand für den Fall eines Angriffs. Albrecht I. plant einen Unterwerfungszug, es kommt jedoch nicht dazu, da der König einem Anschlag seines Neffen Johann von Schwaben zum Opfer fällt.

Den historischen Handlungsverlauf übernimmt Schiller weitgehend aus seinen Quellen, vor allem aus dem ‚Chronicon Helveticum' des Ägidius Tschudi in der Ausgabe von Johann Rudolf Iselin (Basel 1734–36) und aus ‚Der Geschichten schweizerischer Eidgenossenschaft Erstes und Anderes Buch'. Leipzig 1786. Schiller verfährt willkürlich mit dem Stoff, indem er ihn teilweise rafft, zum Teil aber auch erweitert. Die Tell-Episode tritt in den Mittelpunkt seines Dramas, im ‚Chronicon' hingegen bildet sie ein Detail unter vielen andern. Schillers Quellen sind nicht mit den Maßstäben moderner Geschichtswissenschaft zu messen. Allesamt vermengen sie noch historische Fakten, Legenden und Sagen. Zum Vergleich geben wir hier den Abschnitt: ‚Anfänge der Schweizer Eidgenossenschaft' von *Herbert Grundmann aus* ***Gebhardts ‚Handbuch der Deutschen Geschichte', hrsg. von Herbert Grundmann. Bd. I Stuttgart: Union Verlag 1970'*** *wieder:*

Unmittelbar nach dem Tod Rudolfs I., Anfang August 1291, schlossen die Waldstätten Uri, Schwyz und Unterwalden ein »ewiges Bündnis« zu Schutz und Hilfe gegen Gewalt und Unrecht, das zur Keimzelle der Schweizer Eidgenossenschaft wurde. Sie beriefen sich dabei auf einen älteren, sonst nicht bezeugten Bund; ob er in Rudolfs Königszeit, im Interregnum oder noch unter Friedrich II. geschlossen wurde, ist ungewiß und strittig. Seitdem in den ersten Jahrzehnten des 13. Jh. der Paßweg über den St. Gotthard gangbar wurde als kürzeste Verbindung vom Oberrhein nach Italien, waren die vorher abgelegenen Orte am Vierwaldstätter See für die Reichspolitik wie für die habsburgische Territorienbildung wichtig geworden. Ihre Rechtsstellung war verschieden. Uri war 1231 von König Heinrich (VII.) aus dem Besitz der Habsburger Grafen losgekauft und ans Reich gebracht worden; als König bestätigte Rudolf ihm 1274 die unveräußerliche Reichsfreiheit. Schwyz bekam sie 1240 von Friedrich II. verbrieft, als er Parteigänger warb; doch behaupteten die Habsburger hier weiterhin Herrschaftsrechte, wie ihnen auch Unterwalden gehörte. Seit Rudolfs Königswahl waren diese Unterschiede unter dem gleichen Herrn kaum spürbar. Ein Bund der drei Gemeinden war nichts Ungewöhnliches; Eidgenossenschaften, Schwurverbände, »conjurationes« gab es damals allenthalben in und zwischen den Städten Italiens und Deutschlands oder in Landfriedenseinungen, deren Vorbild nahelag. Das Besondere war, daß hier Bauerngemeinden und Landadel, bald auch Städte sich gemeinsam verschworen, landfremde Ritter, in wessen Dienst und Sold es sei, nicht bei sich zuzulassen. Den Schwyzern hatte König Rudolf das Zugeständnis gemacht, daß nur Leute ihres Tales, jedenfalls keine Unfreien über sie richten sollten. Nach seinem Tod, als Albrechts härteres Regiment zu befürchten war, wollte der Bund von 1291 diese Gewähr gegen fremde Richter allen drei Waldstätten sichern, ohne sich sonst gegen die bestehende Herrschaft auflehnen oder gar einen eigenen Staat bilden zu wollen. Richtete der Bund sich auch vornehmlich gegen die Habsburger, ihre Vögte und Beamten, so ist doch von einem offenen Konflikt bis zu Albrechts Ende noch nichts zu hören. Erst die spätere Überlieferung (1471/72 aufgezeichnet im sogen. Weißen Buch von Sarnen als historische Einleitung zu einer Urkundensammlung) erzählt die Befreiungssage vom Rütlischwur, von Tell und Geßler, als seien im Zusammenhang mit König Albrechts Ermordung in offener Empörung die Zwingburgen gebrochen, die Vögte erschlagen worden. Doch weder 1308 noch 1291, wohin neuere Forscher diese Ereignisse verlegen wollen, ist dergleichen bezeugt; trotz aller Bemühungen haben sich Tell und Geßler nicht als historische Gestalten erweisen lassen. Tatsächlich wurde der anfangs defensive Bund erst schrittweise durch die Ereignisse der Folgezeit, nicht zum wenigsten durch den mehrfachen Dynastiewechsel im Reich, zu wachsender Selbständigkeit und Aktivität ermutigt. Ein Bündnis mit Zürich 1291, als sich in den Habsburger Ländern Widerstände gegen Herzog Albrecht erhoben, wurde bei dessen raschem Eingreifen nicht wirksam. Als sich 1297 sein Konflikt mit König Adolf von Nassau zuspitzte, bestätigte dieser den Urnern und Schwyzern ihre Reichsfreiheit; doch sein Sturz und Tod und Albrechts Königtum ließen ihren Gegensatz zur Habsburgerherrschaft nicht akut werden. Nach Albrechts Ermordung, an der nur Adlige, nicht die Eidgenossen, beteiligt waren, bekamen sie von König Heinrich VII. 1309 eine neue Verbriefung ihrer Reichsfreiheit, nunmehr auch Unterwalden, das darauf kein Anrecht hatte; doch sagte Heinrich VII. zwei Jahre später den mit ihm versöhnten Habsburgern eine Prüfung ihrer Rechte in den Waldstätten zu. Die Doppelwahl nach seinem Tod führte auch hier zum Ausbruch des Konflikts, da die Waldstätten zu Ludwig dem Bayern hielten, vom Habsburger Friedrich geächtet, von Ludwig aber unter Aufhebung der Acht im Widerstand gegen die Habsburger bestärkt wurden. Als ihn Herzog Leopold, Friedrichs Bruder, brechen wollte, wurde sein Ritterheer am 15. XI. 1315 am Morgartenpaß (südl. vom Aegerisee) von den gebirgskundigen Bauern vernichtend geschlagen. Damit erst hatten die Eidgenossen, die am 9. XII. zu Brunnen ihren »ewigen Bund« erneuerten, ihre Unabhängigkeit erkämpft – nicht vom Reich, dem sie unmittelbar zugehören wollten, sondern von den Habsburgern als Landesherren, gegen die sie auch in der Folgezeit, als sich ihnen erst Luzern (1332), dann Zürich, Glarus, Zug und Bern (1351/1353) anschlossen, immer Rückhalt fanden an den nichthabsburgischen

Königen. Erst als die Habsburger seit 1438 dauernd auf den deutschen Thron kamen, löste sich die inzwischen stark angewachsene Eidgenossenschaft, das Hindernis für die immer erstrebte Verbindung der Habsburger Länder am Oberrhein und in den Ostalpen, allmählich auch vom Reich los und wurde zum unabhängigen Staat (endgültig anerkannt erst im Westfälischen Frieden 1648). War ihre Verselbständigung erst durch die Unterbrechung des Habsburger Königtums nach Rudolf I. und Albrecht I. ermöglicht oder wenigstens stark begünstigt worden, so wurde sie dann durch die Rückkehr der Habsburger auf den Thron besiegelt. In der Zwischenzeit wirkte der Freiheitskampf der Eidgenossen mehrmals entscheidend auf die Reichsgeschichte ein (S. 491/492).

2.2 Die Quellen

Johann Gottfried Ebel: Schilderung der Gebirgsvölker der Schweiz. Tübingen 1798–1802

Petermann Etterlyn: Kronika von der loblichen Eidgenoschaft, zum zweyten Mal, hrsg. von Johann Jakob Sprengen. Basel 1752

Johann Conrad Faesi: Genaue und vollständige Staats- und Erdbeschreibung der ganzen Helvetischen Eidgenossenschaft. Zürich 1765–68

Johannes Müller: Der Geschichten schweizerischer Eidgenossenschaft Erstes und Anderes Buch. Leipzig 1786

Johann Jacob Scheuchzer: Natur-Geschichte des Schweitzerlandes, aufs neue hrsg. v. Joh. Georg Sulzern. 2 Bde. Zürich 1746

Johann Jacob Scheuchzer: Natur-Historie des Schweizerlandes. Zürich ^{2} 1752

Ägidi Tschudi: Chronicum Helveticum, hrsg. v. Johann Rudolf Iselin. Basel 1734–36.

Im Zusammenhang mit der Quellengeschichte zu Schillers ‚Wilhelm Tell' sind die **Äußerungen *Goethes* zu *Eckermann*** zu diesem Sujet aufschlußreich und interessant. Die Äußerungen Goethes mehr als 20 Jahre nach Entstehung des Werkes sind mit einiger Vorsicht und Zurückhaltung zu werten.

Sonntag, den 6. Mai 1827.

Abermalige Tischgesellschaft bei Goethe, wobei dieselbigen Personen zugegen sind wie vorgestern. Man sprach sehr viel über die ‚Helena' und den ‚Tasso'. Goethe erzählte uns darauf, wie er im Jahre 1797 den Plan gehabt, die Sage vom Tell als episches Gedicht in Hexametern zu behandeln.

„Ich besuchte", sagte er, „im gedachten Jahre noch einmal die kleinen Kantone um den Vierwaldstättersee, und diese reizende, herrliche und großartige Natur machte auf mich abermals einen solchen Eindruck, daß es mich anlockte, die Abwechslung und Fülle einer so unvergleichlichen Landschaft in einem Gedicht darzustellen. Um aber in meine Darstellung mehr Reiz, Interesse und Leben zu bringen, hielt ich es für gut, den höchst bedeutenden Grund und Boden mit ebenso bedeutenden menschlichen Figuren zu staffieren, wo denn die Sage vom Tell mir als sehr erwünscht zu statten kam.'

„Den Tell dachte ich mir als einen urkräftigen, in sich selbst zufriedenen, kindisch-unbewußten Heldenmenschen, der als Lastträger die Kantone durchwandert, überall gekannt und geliebt ist, überall hilfreich, übrigens ruhig sein Gewerbe treibend, für Weib und Kind sorgend, und sich nicht kümmernd wer Herr oder Knecht sei.'

„Den Geßler dachte ich mir dagegen zwar als einen Tyrannen, aber als einen von der behaglichen Sorte, der gelegentlich Gutes thut, wenn es ihm Spaß macht, und gelegentlich Schlechtes thut, wenn es ihm Spaß macht, und dem übrigens das Volk und dessen Wohl und Wehe so völlig gleichgültige Dinge sind, als ob sie gar nicht existierten.'

„Das Höhere und Bessere der menschlichen Natur dagegen, die Liebe zum heimatlichen Boden, das Gefühl der Freiheit und Sicherheit unter dem Schutze vaterländischer Gesetze, das Gefühl ferner der Schmach, sich von einem fremden Wüstling unterjocht und gelegentlich mißhandelt zu sehen, und endlich die zum Entschluß reisende Willenskraft, ein so verhaßtes Joch abzuwerfen – alles dieses Höhere und Gute hatte ich den bekannten edlen Männern, Walther Fürst, Stauffacher, Winkelried und andern zugeteilt, und dieses waren meine eigentlichen Helden, meine mit Bewußtsein handelnden höhern Kräfte, während der Tell und Geßler zwar gelegentlich handelnd auftraten, aber im ganzen mehr Figuren passiver Natur waren.'

,,Von diesem schönen Gegenstande war ich ganz voll, und ich summte dazu schon gelegentlich meine Hexameter. Ich sah den See im ruhigen Mondschein, erleuchtete Nebel in den Tiefen der Gebirge. Ich sah ihn im Glanze der lieblichsten Morgensonne, ein Jauchzen und Leben in Wald und Wiesen. Dann stellte ich einen Sturm dar, einen Gewittersturm, der sich aus den Schluchten auf den See wirft. Auch fehlte es nicht an nächtlicher Stille und an heimlichen Zusammenkünften über Brücken und Stegen.'

,,Von allem diesen erzählte ich Schillern, in dessen Seele sich meine Landschaften und meine handelnden Figuren zu einem Drama bildeten. Und da ich andere Dinge zu thun hatte und die Ausführung meines Vorsatzes sich immer weiter verschob, so trat ich meinen Gegenstand Schillern völlig ab, der denn darauf sein bewunderungswürdiges Gedicht schrieb."

Wir freuten uns dieser Mitteilung, die allen interessant zu hören war. Ich machte bemerklich, daß es mir vorkomme, als ob die in Terzinen geschriebene prächtige Beschreibung des Sonnenaufgangs in der ersten Scene vom zweiten Teile des ,Faust' aus der Erinnerung jener Natureindrücke des Vierwaldstättersees entstanden sein möchte.

,,Ich will es nicht leugnen", sagte Goethe, ,,daß diese Anschauungen dort herrühren; ja ich hätte ohne die frischen Eindrücke jener wundervollen Natur den Inhalt der Terzinen gar nicht denken können. Das ist aber auch alles, was ich aus dem Golde meiner Tell-Lokalitäten mir gemünzt habe. Das übrige ließ ich Schillern, der denn auch davon, wie wir wissen, den schönsten Gebrauch gemacht."[1)]

2.3 Widmungsgedicht an den Kurfürsten Karl Theodor

Wenn rohe Kräfte feindlich sich entzweien
Und blinde Wut die Kriegesflamme schürt;
Wenn sich im Kampfe tobender Parteien

1) Johann Peter Eckermann: Gespräche mit Goethe in den letzten Jahren seines Lebens. Hrsg. G. Moldenhauer. (3 Bde.). Leipzig: Reclam (1884). Bd. 3. S. 119–121

Die Stimme der Gerechtigkeit verliert;
Wenn alle Laster schamlos sich befreien,
Wenn freche Willkür an das Heil'ge rührt,
Den Anker löst, an dem die Staaten hängen:
Da ist kein Stoff zu freundlichen Gesängen.
Doch wenn ein Volk, das fromm die Herden weidet,
Sich selbst genug nicht fremden Guts begehrt,
Den Zwang abwirft, den es unwürdig leidet,
Doch selbst im Zorn die Menschlichkeit noch ehrt,
Im Glücke selbst, im Siege sich bescheidet:
Das ist unsterblich und des Liedes wert.
Und solch ein Lied darf ich dir freudig zeigen,
Du kennt's, denn alles Große ist dein eigen.

2.4 Inhaltsskizze

Gleich mit der ersten Szene schlägt Schiller die Zuschauer und Leser in seinen Bann durch einen grellen dramatischen Effekt: In die Idylle bricht schroff die Geschichte ein. Man hört den ,,Kuhreihen und das harmonische Geläut der Herdenglocken'', hört einen Fischerknaben, der das ,,Paradies'', einen Hirten, der den Kreislauf der Natur, einen Alpenjäger, der kühn die Gefahr ,,auf schwindlichtem Weg'' besingt, bis unversehens die sonnenbeschiedene Landschaft sich verändert, ,,Schatten von Wolken'' metaphorisch eine tödliche Gefahr anzeigen: Baumgarten ist auf der Flucht vor des Kaisers Reitern, die ihm nachsetzen, weil er des Kaisers Burgvogt erschlug, der sich an seinem Weib vergehen wollte. Die österreichische Fremdherrschaft provoziert die Notwehr der Schweizer, deren Existenzweise naiv-idyllisch war, nicht der verändernden Kraft der Geschichte ausgesetzt, sondern vom Kreislauf der Natur umfangen: ,,Denn so wie ihre Alpen fort und fort / Dieselben Kräuter nähren, ihre Brunnen / Gleichförmig fließen, Wolken selbst und Winde / Den gleichen Strich unwandelbar befolgen, / So hat die alte Sitte vom Ahn / Zum Enkel unverändert fort bestanden.'' – Das natürliche Gleichmaß des Lebens wird aufgehoben durch den destruktiven Herrschaftsanspruch Österreichs, den die vereinigten Lande Schwyz, Uri, Unterwalden mit gezielter Politik so entschlossen niederschlagen, daß sie sich eine neue Freiheit, eine neue Idylle erobern: So durchsichtig ist hier der kulturphilosophische Dreischritt: erste Idylle – Geschichte – zweite Idylle, der auch den Bauplan der klassischen ästhetischen Schriften Schillers (vgl. besonders Übernaive und sentimentalische Dichtung) reagiert. Weniger leicht durchschaubar sind die dramatischen Formen, die Personenkonstellationen und die Symbole, in denen Schiller diesen Dreischritt versinnbildlicht.

Baumgarten wird nicht von Ruodi, dem Steuermann, gerettet, sondern von Tell, dem Jäger, der den Verfolgten kühn durch die stürmische See steuert. Jahrzehntelang galt Tell nicht als Rätsel oder wenigstens als komplexe Figur, sondern als „schlichter einfacher Landmann", als „Mann der That, nicht des Rats" (L. Bellermann), als „der Redliche, der Bürger, der Hausvater" (v. Wiese). Erst Fritz MARTINI hat diese Figur der Schillerschen Philosophie zugeordnet und ihr „ästhetische Totalität" zugebilligt: „unbeschränkte Aktivität der ganzen Person in der Fülle ihrer Kräfte", so daß Tell unversehens zu der Idealgestalt emporwuchs, die Schiller in seinen Briefen *Über die ästhetische Erziehung des Menschen* entworfen hatte. Aber das Schauspiel stellt weder einen statischen, eindimensionalen Charakter noch einen fertigen „totalen" Menschen vor, sondern eine sich wandelnde Existenz, der im dramatischen Prozeß neue Qualitäten zuwachsen.

Kein Zweifel, daß Tell sich durch eine ideale Tatkraft hervorhebt. Auf seine tollkühne Rettung Baumgartens anspielend, fragt ihn seine Frau: *„Dachtest du denn gar nicht / An Kind und Weib?"* und Tell antwortet: *„Lieb Weib, ich dacht' an euch. / Drum rettet' ich den Vater seinen Kindern."* Diese Kraft der unmittelbaren Vergegenwärtigung macht ihn zum idealen Repräsentanten idyllischer Seinsweise. Kurze Zeit nach der Rettungstat geht er mit einem Schweizer Freund, Stauffacher, an der Zwingburg vorüber, die Österreich als Gefängnis für die Eidgenossen ausersehen hat, und kurz und bündig ermahnt er den rebellischen Staffacher zu *„Geduld und Schweigen"*, indem er

die österreichischen Gewalttaten mit Naturvorgängen, mit einem „Föhn und einer „gereizten" Schlange, vergleicht, die von selbst, spurlos, wieder verschwinden, sofern man sich nur „still" zurückziehe: *„Dem Friedlichen gewährt man gern den Frieden."* Hierin täuscht sich Tell. Denn Baumgarten ist gegen seinen Willen aus seinem Frieden gerissen worden, und auch die Zwingburg ist Zeichen einer provozierenden, wachsenden Gewaltpolitik gegen die friedliebenden Eidgenossen. Tells an Naturvorgängen orientiertes Denken kann nicht ermessen, was die geschichtliche Stunde geschlagen hat. Sein naiv idyllisches Vertrauen macht ihn blind gegen das Unerhörte und Neue, gegen die geschichtliche, destruktive Gewalt: *„Ein solches war im Lande nie erlebt, / Solang ein Hirte trieb auf diesen Bergen."* Als Stauffacher ihn zu gemeinsamem Handeln auffordert, winkt er aus dem Selbstgefühl des „Starken" ab, der ausschließlich seiner persönlichen Tatkraft, nicht aber der Reflexion und dem Dialog vertraut: *„Doch was ihr tut, laßt mich aus eurem Rat, / Ich kann nicht lange prüfen oder wählen: / Bedürft ihr meiner zu bestimmter Tat, / Dann ruft den Tell, es soll an mir nicht fehlen."* Tells naiv idyllische Seinsweise äußert sich in einer idealen Tatkraft, aber auch in einem naturgebundenen, ungeschichtlichen Denken, in der Skepsis gegen die vermittelnde Reflexion und den gemeinsamen Dialog.
Das scheinbar so harmonisch ablaufende Schauspiel ist von leidenschaftlicher Spannung erfüllt, weil die Schweizer insgesamt sich anders verhalten als Tell, der einzelne. Indem die unterdrückten Eidgenossen sich miteinander bereden, erheben sie den Dialog zum rettenden Prinzip. Gertrud, Stauffachers Frau, hat ihren Mann von passiver Verzweiflung befreit, weil sie ihm den Rat gab, mit anderen über die österreichische Fremdherrschaft zu diskutieren, und Stauffacher, ein Schwyzer, spricht daraufhin mit Walter Fürst, einem Bürger Uris, und mit Melchtal, einem Flüchtling aus Unterwalden: Aus dem Dialog Gertrud – Stauffacher geht der Dialog Stauffacher – Walter Fürst – Melchtal hervor, der sich zu einem umfassenden, allgemeinen Dialog, dem Rütli-Schwur, erweitert. Die Tyrannenmacht soll an einem bestimmten Tag gemeinsam gebrochen werden – und diesem Entschluß hat sich jeder einzelne bedingungslos zu fügen: *„Bezähme*

jeder die gerechte Wut / Und spare für das Ganze seine Rache, / Denn Raub begeht am allgemeinen Gut, / Wer sich hilft in seiner eigenen Sache." In diesen dialogisch aufklärenden Prozeß fügt sich auch die vielfach mißverstandene Liebesbeziehung ein: Berta von Bruneck befreit Rudenz, den Parteigänger Österreichs, von seiner Verblendung und gewinnt den Adligen für die Sache seines Volks, indem sie ihm zeigt, daß ihrem privaten Glück das allgemeine Glück vorgeordnet sein muß: *„Kämpfe / Fürs Vaterland, du kämpfst für deine Liebe!"*
So enthüllt sich als Grundfigur des Schauspiels die spannungsreiche Relation zwischen Tell und den Eidgenossen, dem einzelnen und der Gesellschaft, dem Selbstgefühl und der Solidarität, der verschwiegenen Tat und der öffentlichen Rede. Diese Grundfigur verändert sich mit dem dramatischen Prozeß, der sich aus der vielzitierten Apfelschuß-Szene entfaltet: Tell wird von Geßler gezwungen, das Leben seines Kindes aufs Spiel zu setzen, um das Leben dieses Kindes und sein eigenes zu retten. Seines naiv-idyllischen Vertrauens in die Umwelt beraubt, in die geschichtliche Stunde brutal hineinversetzt, entschließt er sich zum Mord an Geßler, dem Repräsentanten fremder Herrschaft. Aber noch ehe Tell, den Banden Geßlers bei einer stürmischen Seefahrt listig entronnen, den Mord ausführt, umkreist er ihn lange und rückhaltlos in seinem Monolog, spiegelt er die drohende Tat an seinem vormals ungetrübten idyllischen Dasein, legitimiert er vor sich selber diese Tat, prüft und bedenkt er sie, er, der zuvor nicht auf das „Prüfen" sich verstand und vom „Bedenken" nicht viel hielt. Der Tatkräftige ergänzt seine ursprüngliche Spontaneität durch die vermittelnde Reflexion – und parallel dazu ergänzt er seine kurz angebundene, sentenziöse Sprechweise durch die ausschweifend variierende, unerbittlich forschende Rede. So lernt er seinen privaten Mord als idealen Dienst am Allgemeinen verstehen, im Gegensatz zu den tragischen Helden Schillers, die in ihrem Monolog der schuldbefleckten Dialektik des Handelns ins Auge sehen – und was Tell hier durch Reflexion lernt, kommt ihm in der Begegnung mit Parricida zustatten: Er vermag es, dessen Mord als Ausfluß privater Willkür zu entlarven und damit Parri-

cidas trübe Verfassung aufzulösen. Mit der Einsicht in seine Schuld schimmert aber für Parricida die Möglichkeit einer Erlösung auf, die Tell ihm anzeigt. Diese vielkritisierte Szene hat ihren doppelten Sinn darin, daß hier dem Schuldigsten eine Hoffnung eröffnet wird durch das dialogisch gewendete Wort eines Mannes, der ursprünglich wortkarg gewesen ist – und nur seiner Tatkraft vertraut hat: „*Das schwere Herz wird nicht durch Worte leicht.*"
Gewinnt Tell im dramatischen Prozeß die Dimension der Reflexion und der dialogischen Rede, so gewinnen die Eidgenossen die Dimension der spontanen Tat und der individuellen Freiheit. Die Apfelschuß-Szene deckt ihnen die unberechenbare Kraft der Geschichte auf, macht ihren gemeinsamen Entschluß hinfällig, fordert sie zum situationsgerechten Handeln heraus: „*Die Stunde dringt, und rascher Tat bedarf's – / Der Tell ward schon ein Opfer eures Säumens –,*" Weil die Eidgenossen ihren ursprünglichen abstrakten Entschluß dem Drängen des adligen Rudenz opfern, opfert dieser ihnen zuletzt seine Privilegien: „*Und frei erklär' ich alle meine Knechte.*" Aus der schrankenlosen Solidarität, die sich bewährt hat in der Vertreibung der Unterdrückten und der Rettung Bertas, entspringt die Freiheit aller.
Die neue Solidarität ist zugleich so individuell geartet, daß die Eidgenossen akzeptieren, was sie zuvor ausgeklammert hatten: die Selbsthilfe, die verschwiegene Tat des einzelnen (Tell). Umgekehrt hat die Selbsthilfe Tells so allgemeinen Charakter, daß sie unterstützt, was Tell zuvor aus distanzierter Skepsis relativiert hatte: solidarisches Handeln.
Entgegen der weitverbreiteten Meinung, die dem Schauspiel unterstellt, es beschreibe einen Kreislauf, Tell und die Schweizer würden aus der naiven Idylle gerissen und über den Weg durch die Geschichte in diese Idylle zurückkehren, rollt hier ein dynamischer Prozeß ab, in dessen Verlauf der einzelne und die Gesellschaft aus ihrem Absolutheitsanspruch heraustreten, sich gegenseitig relativieren und ergänzen und kraft ihrer neuen Qualitäten in eine noch nie dagewesene, vielseitige, politische Idylle eintreten. Schiller hat diese Idylle auch den „*ästhetischen Staat*" genannt, worin die einzelnen

Menschen *„bey der höchsten Universalisierung"* ihres *„Betragens"* zugleich ihre *„Eigenthümlichkeit retten"* (Briefe Über die ästhetische Erziehung des Menschen), die Allgemeinheit und die Individualität sich produktiv durchdringen. Unter Berufung auf Schiller hat HEGEL diese Idee des fortschrittlichen bürgerlichen Humanismus zum Motor seines Philosophierens erhoben.

Indem das Schauspiel eine ideale Synthese, einen utopischen Glücksfall vor Augen führt, gewinnt es märchenhafte Züge, und Schiller tritt als märchenhafter Regisseur hervor, weil er, hinter der Chiffre „Gott" sich versteckend, das individuelle Handeln Tells und das solidarische Handeln der Gemeinschaft glücklich, just im richtigen Augenblick, ineinandergreifen läßt. Aber das Märchen ist mit Zügen ausgestattet, die in die zeitgenössische Realität des Schillerschen Theaterpublikums hineinwirken sollen: Wie in den klassischen Tragödien, gesellt Schiller in zahlreichen Szenenanweisungen zum Wort die Musik und das Bild. Die Selbstentfremdung der Zeitgenossen aufzuheben, ihre auseinanderweisenden sinnlichen und geistigen Kräfte zu versöhnen, war Schillers theatralische Intention. Sein „Volksstück" wollte, indem es geistige Vorgänge durch Klänge und Bilder unterstützte, die allzu aufgeklärten höheren Schichten mit sinnlicher Energie begaben, und es wollte, indem es in Klängen, in Bildern, in überraschend einfacher, faßlicher Sprache abstrakte Vorgänge darbot, den wenig aufgeklärten niederen Schichten zur Erkenntnis verhelfen – vor allem zur Erkenntnis der Freiheit.

2.5 Gang der Handlung*

1. Aufzug (S. 5–29)

Der erste Akt ist der größte Teil der sog. Exposition des Dramas, d. h. er informiert über die zu seinem Verständnis nötige Vorgeschichte. Der Autor will in seinem Stück zeigen, wie sich ein un-

*) Die Seitenangaben nach dem Reclam-Band Nr. 12 (1992).

tadeliges ehrliches Volk von unerträglicher Knechtschaft befreit. Deshalb führt er dem Leser zunächst das tyrannische Verhalten der Unterdrücker vor Augen, sprich der Landvögte in den schweizerischen Urkantonen, und schließt eine Schilderung der Stimmung im Volke an, um zuletzt zu zeigen, wie sich das Volk von seiner überall herrschenden Not befreit.

1. Szene

Im Sonnenschein liegen die grünen Matten des Schwyzer Landes drüben auf dem anderen Ufer des Vierwaldstätter Sees vor dem Leser, während er sich auf seinem westlichen Ufer befindet. Der Fischerjunge singt im Kahn ein Lied von der geheimnisvollen Macht, die der See auf die an seinem Ufer lebenden Menschen ausübt, vom Berg hört man das Abschiedslied des Buben, und von der Höhe die Weise des Alpenjägers. Plötzlich ändert sich das Wetter. Ein Gewitter zieht heran, und in den Bergen hört man dumpfes Donnern.

Der Fischer kommt aus seiner Hütte, Hirte und Jäger gesellen sich zu ihm. „Es wird ein hartes Wetter werden", meinen die drei. Da stürzt ein Mann zu ihnen: Baumgarten. Dieser hat am 7/65
Morgen den Wolfenschießen, den kaiserlichen Burgvogt auf dem Roßberg, mit der Axt erschlagen, da jener Baumgartens Frau vergewaltigen wollte. Nun wird Baumgarten von den Reitern des Toten verfolgt. Voll Verzweiflung bittet er den Fischer, ihn über den See zu setzen; der aber fürchtet das heraufziehende Unwetter und verweigert seine Hilfe. In diesem Moment kommt Tell zu ihnen. Ohne Rücksicht auf sein eigenes Leben 9/126
bietet er sofort seine Hilfe an und steigt mit Baumgarten in das Boot. Kaum haben sie das Ufer verlassen, als auch schon die Reiter herbeieilen und durch die Brutalität, mit der sie ihren Ärger über die Rettung des Verfolgten abreagieren, ein klares Bild von dem geben, was das Schweizer Volk von den Oppressoren zu erdulden hat.

2. Szene

In Steinen nimmt Pfeifer von Luzern Abschied von Stauffacher und schärft seinem Gastfreund ein, auf jeden Fall am Deutschen Reich festzuhalten und vor Österreich auf der Hut zu sein. Stauffacher hat allen Grund, diese Mahnung zu beachten, denn er selbst hat längst aus dem Verhalten des Landvogtes Geßler erkannt, daß die Freiheit des Volkes aufs höchste gefährdet ist. Betroffen setzt er sich auf die Bank vor seinem stattlichen Haus. Durch Kummer und Angst ist die Energie und Tatkraft des Mannes, der bisher ein „Vater der Bedrängten" war, gelähmt. In diesem Zustand findet ihn seine Frau Gertrud. Sie redet ihm eindringlich zu, sich ihr anzuvertrauen. Als er dies schließlich tut, schlägt sie ihm vor, sich mit zuverlässigen Freunden zusammenzuschließen und zu besprechen, „wie man des Drucks sich möcht' erledigen". Die Vögte, so macht sie ihm klar, verübten Gewalttat auf Gewalttat, verfügten zwar über eine Menge geschulter Söldner, doch dem Mutigen helfe immer Gott. Stauffachers Hinweis auf die Verwüstungen, die ein Krieg anrichtet, weist sie überzeugend zurück, indem sie ihm deutlich macht, wenn das höchste Gut eines Volkes, seine Freiheit, auf dem Spiel stünde, dürfe man sein Herz nicht an zeitliche Güter hängen, sondern müsse darauf vertrauen, daß Gott die Unschuldigen beschützen werde, und sich damit trösten, daß der Tod im-
15/329 mer noch besser sei als Knechtschaft. Diesen Gründen kann Stauffacher sich nicht widersetzen. Sofort macht er sich auf den Weg zu seinem Freund Walther Fürst. Während er sich noch von seiner Frau verabschiedet, erscheinen Tell und Baumgarten. Sie haben die gefährliche Fahrt über den See glücklich überstanden, und Baumgarten findet in Stauffachers Haus sichere Zuflucht.

3. Szene

16/353 Geßlers Burg bei Altorf, die Zwing-Uri heißen soll, ist im Bau, der Fronvogt treibt die Werktätigen rüde zur Arbeit an. Nur widerwillig und mit Murren gehen diese an die verhaßte Arbeit. Tell und

Stauffacher, die zum Bauplatz kommen, äußern ihren Unwillen
über den Bau. Da bringt man einen Hut auf einer hohen Stange
und ein Ausrufer verkündet den Befehl des Landvogtes, diesen
Hut mit gebeugtem Knie und entblößtem Kopf grüßen: Wer 18/393
dieses Gebot mißachte, sei mit Leib und Gut dem König verfal-
len. Unter dem Eindruck dieser Vorgänge versucht Stauffacher
Tell dazu zu bewegen, sich mit den anderen zusammenzutun
und deren Maßnahmen zur Befreiung von diesem unerträgli-
chen Zustand zu unterstützen. Tell verspricht sich nichts von
einem solchen Unternehmen, sagt jedoch zu, in der Stunde der
Entscheidung nicht zu fehlen. Kaum haben sich die beiden ge-
trennt, entsteht ein Menschenauflauf: Der Schieferdecker ist
vom Dach gestürzt. Bertha von Bruneck, eine reiche Verwandte
Geßlers, eilt herbei, um zu helfen, doch die erbitterten Schwei-
zer weisen sie schroff zurück.

4. Szene

Wie Baumgarten bei Stauffacher, so hat der jungen Arnold von
Melchthal bei Walther Fürst Zuflucht gefunden. Er hat im Jäh-
zorn einem Diener des Landenbergers, der ihm ein Gespann
Ochsen wegnehmen wollte, einen Finger zerschlagen. Während
sich Walther Fürst mit Arnold unterhält, klopft es an der Tür.
Schnell verläßt der Verfolgte das Zimmer, worauf Werner Stauf-
facher eintritt. Er erzählt von den Gewalttaten der Vögte und be-
richtet, daß der Landenberger dem Vater Melchthals zur Strafe
für die Tat seines Sohnes beide Augen habe ausstechen lassen.
Als Arnold das hinter der Tür hört, stürzt er völlig verzweifelt her-
ein, klagt sich der Feigheit an und schwört dem Vogt blutige Ver-
geltung. Inständig bittet er die beiden, ihm zu seiner Rache zu
verhelfen; doch deren Besonnenheit gelingt es, seinen Zorn zu-
nächst zu beschwichtigen. Dann beraten sie gemeinsam, wie sie 19/432
die Gewalt der Vögte brechen können. Sie beschließen, jeder
von ihnen solle sich mit zehn zuverlässigen Männern auf dem
Rütli einfinden, um die Notlage ihres Heimatlandes zu bespre-
chen und den Tag der Befreiung festzusetzen. Unter feierlichem

Schwur reichen sich die drei die Hände und schließen so den Bund zur Befreiung ihres Landes. Mit dem Übermut der Vögte ist auch der Unabhängigkeitssinn der Schweizer gewachsen. Der junge Melchthal aus Unterwalden, der besonnene, reife Stauffacher aus Schwyz und der greise Walther Fürst aus Uri, diese Vertreter dreier Länder und dreier Altersstufen, gewährleisten den Erfolg des Unternehmens.

2. Aufzug (S. 30–51)

1. Szene

Der alte Freiherr von Attinghausen nimmt im Saal seines Herrensitzes nach alter Sitte den Frühtrunk zusammen mit seinen Knechten ein. Er verspricht, sich mit ihnen am Abend über die Angelegenheiten und Probleme des Landes zu unterhalten. Nachdem die Knechte gegangen sind, redet er seinem Neffen Ulrich von Rudenz ins Gewissen, sich nicht den Unterdrückern des Landes anzuschließen, sondern treu zu seiner von Österreichs Ländergier schwerbedrängten Heimat zu stehen. Doch Ulrich ist entschlossen, sich mit dem mächtigen Habsburg zusammenzutun. Was sei es denn anderes als Trotz und Eigennutz, der die Schweizer nicht Österreichs Untertanen werden lasse, fragt er unwillig. Sie verlangten mehr Ehre, als ihnen zukomme; seine Ehre gebiete ihm, sich an den glänzenden Hofstaat des österreichischen Königs zu halten und seinem Ehrgeiz zu folgen, statt in der Heimat zu versauern, wo man nichts weiter als den Kuhreihn und das einförmige Geläute der Herdenglocken höre. Umsonst weist ihn sein Onkel darauf hin, daß ihm letztendlich doch in fremder Umgebung die Sehnsucht nach den Bergen und den einfachen Sitten seiner Heimat ergreifen werde. Rudenz ist nicht umzustimmen. Vergebens, so meint er, widerstehe die Schweiz dem König, dem die ganze Welt gehöre. Außerdem sei es ein Gebot der Klugheit, sich einem mächtigen Fürsten anzuschließen, und für die Schweizer wäre der geeignetste der Herrscher von Österreich. Nochmals widerspricht ihm Attinghausen, der davon überzeugt ist, daß die Schweizer das ihnen aufgezwungene Joch abschütteln werden, und führt dem Neffen mit motivierenden Worten seine Aufgabe vor Augen, das Haupt eines freien Volkes zu sein. Doch umsonst, Ulrich will nicht mehr zurück. Als aber Attinghausen ihm den wahren Grund seiner Weigerung nennt, nämlich die Liebe zu Bertha von Bruneck, und ihm zugleich versichert, er werde sie durch seinen Verrat nie erlangen, fühlt sich Rudenz beleidigt und verläßt den Alten, der sich in seinem Kummer den Tod wünscht.

Während sich das gesamte Volk in der Auflehnung gegen die
Tyrannei einig ist, ist der Adel in zwei Lager gespalten. Der eine 33/855
Teil hält zum Volke, der andere ist für Österreich, geblendet
durch den Pomp des höfischen Lebens.

Mit dieser Szene ist die Exposition abgeschlossen, und es beginnt nun die eigentliche Handlung.

2. Szene

Die drei Verschworenen haben Wort gehalten. Zwei Stunden
nach Mitternacht erscheint am festgesetzten Tag Melchthal mit
seinen Freunden als erster auf dem Rütli. Gleich danach trifft
Stauffacher mit den Schwyzern ein. Melchthal berichtet von sei-
nen gefährlichen Wegen im Gebirge und von seinen Erlebnis-
sen. Überall habe er die ärgste Erbitterung über die Gewalttaten
der Vögte vorgefunden; bis zu den letzten menschlichen Sied-
lungen sei er gewandert, um das Volk zum Widerstand aufzuru- 38/998
fen; selbst in die Burgen der Unterdrücker sei er eingedrungen.
Da meldet das Horn von Uri die Ankunft der Urner, so daß die
Versammlung nun beginnen kann.

Auf Pfarrer Rösselmanns Vorschlag gibt man ihr die Form der Landesgemeinde und wählt den Altlandammann Reding zum Vorsitzenden. Nun erstattet Stauffacher, die Seele des Ganzen, Bericht über Zweck und Ziel der Versammlung. Es handle sich, so führt er aus, nicht um einen neuen Bund, sondern um Erneuerung des uralten Bündnisses, das vor Zeiten zur Wahrung der Freiheit der Schweizer abgeschlossen worden sei. Dann entrollt er ein Bild der Geschichte der Schweiz von der Urzeit an und schildert, wie schon die Väter tapfer ihre Rechte verfochten. Ebenso seien auch sie jetzt hier zusammengekommen, ihre Freiheit zu verteidigen.

Um die Entschlossenheit der Männer zu prüfen, rät Rösselmann zur Trennung vom Reiche und zum Anschluß an Österreich, entfesselt aber damit einen Sturm der Entrüstung, der sich erst legt mit der Annahme des Vorschlags:

„Wer von Ergebung spricht an Österreich,
Soll rechtlos sein und aller Ehren bar;
47/1307 Kein Landmann nehm' ihn auf an seinem Feuer!"

Der Antrag Redings, dem Kaiser die Not des Volkes noch einmal vorzutragen, wird zurückgezogen, nachdem Konrad Hunn über seine Erfahrungen am Hofe zu Rheinfelden berichtet hat. So bleibt nur noch die Selbsthilfe durch Gewalt. Auch der besonnene Walther Fürst stimmt dem zu; nur rät er zu überlegtem Vorgehen und warnt vor Verletzung fremder Rechte und vor Blutver-
49/1376 gießen. Dann erwägt man die Mittel, entwirft die Pläne und setzt die Zeit der Erhebung fest. Kleine Meinungsverschiedenheiten vermögen die Eintracht nicht zu stören. Über das Vorgehen gegen Geßler, den schlimmsten Übeltäter, wird nichts beschlossen. Reding tröstet die Versammelten darüber mit den
50/1438 Worten: „Man muß dem Augenblick auch was vertrauen." Während sich der Morgenwind vom See erhebt und die über den Schneebergen aufsteigende Sonne einen neuen Tag ankündigt, besiegeln die Männer durch heiligen Eidschwur ihr großes Vorhaben. Dann verlassen sie in feierlicher Ruhe die stille Bergwiese.

3. Aufzug (S.52–72)

1. Szene

In Tells Haus spielen seine beiden Jungen mit einer Armbrust. Da Tell ein leidenschaftlicher Jäger ist, nehmen ihn seine Kinder zum Vorbild. Hedwig, Tells Frau, ist nicht sehr erbaut von diesem Spiel, aber Tell freut sich darüber, in der Meinung: „Früh übt sich, was ein Meister werden will.“ Hedwig klagt auch darüber, daß er sich zu oft der Gefahr aussetze, wie jüngst wieder bei der Rettung Baumgartens. „Dachtest du denn gar nicht an Kind und Weib?“ fragt sie vorwurfsvoll. Gerade weil er ihrer gedacht, antwortet Tell, habe er das Wagnis unternommen, da Baumgarten ja ebenfalls Familienvater sei.

Als er dann nach der Armbrust greift und nach Altorf zu Walther
Fürst gehen will, bittet ihn Hedwig, die Waffe zu Hause zu las- 54/1536
sen, ja von Altorf überhaupt fernzubleiben, wenigstens aber Walther nicht mitzunehmen; denn sie hat das Gefühl, daß ihnen ein Unglück droht, ein Gefühl, daß sie auch nicht los wird, als ihr Tell, um sie zu beruhigen, von seiner letzten Begegnung mit Geßler erzählt. Sie hat die richtige Empfindung, der Feige könne nicht vergessen, daß ihn der Starke schwach gesehen habe. Doch Tell läßt sich nicht zurückhalten. Seinen Sohn Walther an der Hand, macht er sich sorglos auf den Weg zum Vater seiner Frau, während diese ihm bekümmert nachblickt.

2. Szene

In einer rings von Bergen umschlossenen wilden Waldgegend,
wohin sich Ulrich von Rudenz und Bertha von Bruneck von der 56/1601
Jagd entfernt haben, erklärt Rudenz dem Edelfräulein seine Liebe, wird aber von ihm abgewiesen: Wie könne er von Liebe und Treue reden, da er zu seinem Vaterlande und seinem Volke kei-
ne Liebe habe und seinem Volke die Treue nicht halte! Dem Va- 57/1650
terlande die Freiheit erhalten zu helfen, sei die erste Pflicht eines Mannes, die er schmählich verletze. Solange er im Gefolge Geßlers sei, habe sie sich zwingen müssen, ihn nicht zu hassen. „Kämpfe fürs Vaterland, du kämpfst für deine Liebe!“ ruft sie ihm zum Schluß zu. Diese Worte des geliebten Mädchens machen einen tiefen Eindruck auf den jungen Ritter, der sich ja, gerade um Bertha zu gewinnen, so besonders eng an Österreich angeschlossen hatte. Nur weiß er zunächst noch nicht, wie er

die Schlinge lösen soll, in der er sich in seiner Torheit gefangen hat.

3. Szene

Inzwischen ist Tell mit seinem Knaben in Altorf angekommen.
60/1761 Vor dem Hut auf der Stange stehen zwei Söldner Wache: Leut-
hold, dem die Sache fast lächerlich vorkommt, und Frießhardt,
„ein dienstfert'ger Schurke, der wackre Leute gern ins Unglück
brächte" und der hofft, bald einige Übertreter des Gebotes fas-
sen zu können; denn soeben kommen Bürger vom Rathaus und
müssen an dem Hut vorüber. Da aber stellt sich Pfarrer Rössel-
mann mit der Monstranz vor die Stange. Alle beugen das Knie
und entblößen ihr Haupt, aber nicht vor dem Hut, sondern vor
der Monstranz. So bleibt Frießhardts Plan ohne Erfolg. Während
dieser in seinem Ärger zwei Frauen fortjagt, die dem Hut iro-
nisch Respekt erweisen, kommt Tell mit seinem Knaben. Walther
fragt den Vater nach allerlei, was er sieht, und macht altkluge
Bemerkungen zu dessen Antworten. Eben kommen Sie zu dem
Hut, und Tell will ohne Gruß vorübergehen, da macht ihn der
62/1816 Knabe auf den Hut aufmerksam. „Was kümmert uns der Hut?
Komm, laß uns geh'n!" antwortet ihm dieser und will weiter-
gehen. Aber schon wird er von Frießhardt festgehalten. Auf Wal-
thers Hilferufe eilen Leute herbei und versuchen Tell zu befrei-
en, als plötzlich Geßler selbst auf der Rückkehr von der Jagd
hinzukommt. Sofort übersieht er die Lage und erkennt, wie er
den gefürchteten Schützen am empfindlichsten treffen kann. Er
läßt sich erzählen, was vorgefallen ist, und bestimmt, daß Tell
65/1885 zur Strafe einen Apfel von seines Kindes Kopf schießen soll. Tell
ist über dieses unmenschliche Verlangen Geßlers entsetzt. Wie
leicht kann der Schuß fehlgehen! Soll er zum Mörder seines Kin-
des werden? Flehentlich bittet er den Landvogt, ihm den Schuß
zu erlassen; der aber pflückt unter höhnischem Lächeln einen
Apfel vom Baum und läßt ihn dem Knaben aufs Haupt legen.
65/1899 Nochmals bittet Tell um Gnade. Umsonst! „Du schießest oder
stirbst mit deinem Knaben!" ist Geßlers Antwort. Auch seine

Nichte Bertha bittet für Tell. Umsonst! Umsonst auch das Flehen Walther Fürsts, des Pfarrers und all der anderen. Geßler bleibt in seiner Hartherzigkeit unerbittlich. Da spannt Tell die Armbrust und legt den Pfeil auf, aber der Arm sinkt ihm herab, und die Knie zittern. Plötzlich nimmt er einen zweiten Pfeil aus dem Köcher und steckt ihn zu sich. Da, während alle bekümmert auf den unglücklichen Vater blicken, tritt Rudenz vor und verlangt von Geßler klar und bestimmt die Zurücknahme des Befehls. Wütend fährt ihn Geßler an und winkt seinen Reisigen, ihn abzuführen, doch Rudenz läßt sich nicht irremachen und zieht sein Schwert. Da hört man den Ruf: „Der Apfel ist gefallen!" und fröhlich kommt der Knabe mit Pfeil und Apfel angesprungen. Der Vater aber reißt ihn in seine Arme, drückt ihn an sein Herz und – sinkt kraftlos zusammen. Staunend betrachtet Geßler den Apfel: „Bei Gott, der Apfel mitten durchgeschossen!" Das Volk aber ju- 70/2042
belt dem glücklichen Schützen zu und will ihn im Triumph fortführen. Da ruft Geßler Tell zurück und fragt ihn, warum er den zweiten Pfeil zu sich gesteckt hat. Seine ausweichende Antwort läßt er nicht gelten; er sichert ihm sein Leben zu, wenn er ihm die Wahrheit sage. Da zieht dieser den Pfeil aus seinem Koller, sieht den Landvogt finster an und spricht:

„Mit diesem zweiten Pfeil durchschoß ich – Euch, 71/2060
Wenn ich mein liebes Kind getroffen hätte,
Und Eurer, wahrlich, hätt' ich nicht gefehlt!"

Nun ist er der Gewalt des Tyrannen verfallen. Man führt ihn gebunden aufs Schiff, um ihn nach Küßnacht zu schaffen und dort ins Gefängnis zu werfen. Erschüttert durch das schreckliche Erlebnis, bleiben seine Landsleute in ohnmächtiger Wut zurück.

4. Aufzug (S. 73–96)

1. Szene

Am Ostufer des Vierwaldstätter Sees erzählt während eines heftigen Unwetters Kunz von Gersau dem Fischer, daß Tell gefangengenommen ist und daß der Freiherr von Attinghausen bald sterben wird. Über diese schlimmen Nachrichten gerät der Fischer in große Erregung, und nach dem Weggange des Gersauers bricht er in leidenschaftliche Klagen aus. Da hört der Fischerknabe läuten und meint:

„Gewiß hat man ein Schiff in Not geseh'n
Und zieht die Glocke, daß gebetet werde."

Dann sieht er auch ein Schiff, das er an dem rotgestrichenen Verdeck und an der Fahne als das Herrenschiff von Uri erkennt und auf dem sich Geßler und Tell befinden. Es wird von Wind und Wellen hin- und hergeworfen und verschwindet bald hinter den schroffen Felsen. Nach Ansicht des Fischers ist nur einer, Tell, imstande, es glücklich ans Land zu bringen, doch der liegt gefesselt im Schiff.

75/2198 Da kommt ein Mann eilig her. Er ist in heftiger Erregung, wirft sich auf die Erde und streckt die Hände zum Himmel. Es ist Tell. Der Fischer kann kaum glauben, was er ihm erzählt: Durch das Unwetter sei das Schiff in äußerste Not geraten. Da habe einer dem Landvogt vorgeschlagen, ihn loszubinden und ihn das Schiff steuern zu lassen; denn wenn einer helfen könne, so sei er es. Geßler sei darauf eingegangen und habe ihn mit der Führung des Schiffes betraut. Mit fester Hand habe er das Steuerruder ergriffen und seine volle Kraft eingesetzt, dabei aber immer nach einer Stelle ausgeschaut, wo er aus dem Schiff ans Ufer habe springen können. Da seien sie in die Nähe des großen Axen gekommen, wo eine Felsplatte in den See hineinrage. Dort habe er die Knechte angefeuert, mit aller Kraft zu rudern, und als sie an die Platte herangekommen seien, habe er das Schiff an sie herangedrückt, seine Armbrust ergriffen und sei ans Ufer gesprungen, das Schiff aber habe er mit dem Fuße in den wilden See hinausgestoßen, wo es noch mit den Wellen kämpfe.

78/2283 Nun habe er im Schiffe gehört, der Landvogt wolle bei Brunnen landen und den Landweg über Arth nach Küßnacht nehmen; diesen Weg solle ihm der Fischer zeigen.

Schnell ist dessen Knabe bereit, ihm einen näheren Weg über Lowerz zu weisen, und der Fischer verspricht Tell, seiner Frau mitzuteilen, daß er gerettet sei, und den Verschworenen die Nachricht zu bringen, daß sie bald weiteres von ihm hören würden.

2. Szene

Im Edelhof zu Attinghausen ist eine große Trauergemeinde versammelt; denn der alte Freiherr liegt im Sterben. Walther Fürst, Stauffacher, Melchthal und Baumgarten stehen und Walther Tell kniet an seinem Lager. Da kommt Hedwig, um mit ihrem Vater zu reden und ihren aus Todesgefahr erretteten Knaben in die Arme zu schließen. Sie will es nicht begreifen, daß der Vater den Pfeil auf das eigene Kind hat abschießen können, und macht dem Abwesenden heftige Vorwürfe, während die anderen ihn in Schutz nehmen, da er nicht anders habe handeln können. Hedwig wirft nun allen, besonders aber Baumgarten, vor, daß sie ihrem Mann nicht beigestanden hätten, als Geßler ihn fortführen ließ, und ist ganz untröstlich bei dem Gedanken an sein Schicksal. Währenddessen kommt der alte Freiherr noch einmal zu sich. Es tut ihm sehr weh, daß Rudenz nicht an seinem Lager ist, um seinen letzten Segen zu empfangen, und die Anwesenheit des jungen Walther Tell, der seinen Vater verloren hat, läßt ihn in die Klage ausbrechen, sie seien alle vaterlos und sein letzter Blick treffe nur ein untergehendes Vaterland. Walther Fürst spricht ihm beruhigend zu: sein Neffe habe vor Geßler tapfer
und kühn für das Schweizer Volk gesprochen und die drei Ur- 82/2400
kantone hätten sich das Wort gegeben, das Land zu befreien. Diese Nachricht ist die letzt Freude des Sterbenden. Mit prophetischem Blick schaut er in die Zukunft seiner geliebten Heimat, und mit ergreifenden Worten mahnt er zur Einigkeit. Dann
stirbt er. Kaum ist der alte Freiherr verschieden, so eilt Rudenz 83/2448
herbei und ist tief erschüttert, daß er seinen Onkel für das Unrecht, das er ihm angetan hat, nicht mehr um Verzeihung bitten kann. In die kalte Hand des Toten schwört er, von jetzt ab mit ganzer Seele zu seinem Volke zu stehen. Durch die Mitteilung, vom Rütlibund gewußt und trotzdem das Geheimnis gewahrt zu

haben, gewinnt er das Vertrauen seiner Landsleute. Er schließt mit ihnen ein Schutz- und Trutzbündnis und spornt sie zu schnellem Handeln an, besonders auch deshalb, weil Geßler auch Bertha von Bruneck heimlich entführt habe.

3. Szene

87/2561 Tell ist in der hohlen Gasse angekommen und wartet auf den Landvogt, um ihn zu töten. Ehe er aber diese Tat ausführt, überdenkt er die Beweggründe noch einmal. Er, der sonst so wortkarge Mann, ergeht sich in langen, wortreichen Erwägungen: so gewaltig ist der Eindruck, den die Tat, die er vorhat, auf sein Gewissen macht. Ihn schaudert vor der Ausführung seines Vorhabens, und unwillkürlich denkt er an das sorglose Glück seines früheren Lebens. Er kann den Unhold töten, denn die Gelegenheit ist günstig, und an das Ungeheure hat ihn ja der Tyrann selbst gewöhnt; er muß ihn töten, um seine Frau und Kinder vor ihm zu schützen. Außerdem hat er sich selbst geschworen, mit seinem nächsten Schuß den Tyrannen zu treffen. Was ihn zu der Tat treibt, ist Notwehr. Diese ernsten Betrachtungen werden unterbrochen durch einen lustigen Hochzeitszug und durch den Flurschützen, der, neugierig und redselig, nichts Schöneres kennt als Geschichten von einem Bergsturz und anderen seltsamen Ereignissen. Tell gibt ihm auf seine Reden nur kurz Antwort und läßt durch seine Worte die schweren Gedanken durchblikken, die ihn bewegen. Da erscheint Armgart mit ihren Kindern. Sie will Geßler um Gnade anflehen für ihren Mann, einen armen Wildheuer, der schon seit sechs Monaten gefangengehalten wird, ohne abgeurteilt zu sein. Jetzt kommt Frießhardt, um seinem Herrn den Weg frei zu machen. Ihm folgt hoch zu Roß Geßler, der eben zu Rudolf dem Harras äußert, er wolle dem Volke gegenüber keineswegs weich werden, sondern es nur noch härter anfassen; denn es müsse die Gewalt der Habsburger anerkennen. Während Tell beim Nahen des Landvogtes zurücktritt, wirft sich Armgart mit ihren Kindern vor dessen Pferd auf die

Erde und fleht um Gnade. Geßler aber gerät über das „freche Volk“ in Wut. Höhnend ruft er:

„Ein allzu milder Herrscher bin ich noch
Gegen dies Volk – die Zungen sind noch frei,
Es ist noch nicht ganz, wie es soll, gebändigt.
Doch es soll anders werden, ich gelob' es:
Ich will ihn brechen, diesen starren Sinn,
Den kecken Geist der Freiheit will ich beugen.
Ein neu Gesetz will ich in diesen Landen
Verkündigen – ich will –“ 94/2779

Da stürzt er, mitten ins Herz getroffen, zu Boden. Sterbend ruft er: „Das ist Tells Geschoß!“ und von der Höhe des Felsens herab bekennt sich dieser offen zu seiner Tat mit den Worten:

„Du kennst den Schützen, suche keinen andern!
Frei sind die Hütten, sicher ist die Unschuld
Vor dir, du wirst dem Lande nicht mehr schaden.“

Während Tell sich entfernt, eilt von allen Seiten das Volk herbei. Voll Grauen blicken alle auf den sterbenden Tyrannen. Kein Wort des Mitleids wird laut, sondern jubelnd ruft alles: „Das Land ist frei!“ Rudolf der Harras aber zieht mit den Waffenknechten eilends nach Küßnacht weiter, um die Feste zu schützen. Sechs Barmherzige Brüder bilden um den Toten einen Halbkreis und stimmen den ergreifenden Gesang an:

„Rasch tritt der Tod den Menschen an,
Es ist ihm keine Frist gegeben;
Es stürzt ihn mitten in der Bahn,
Es reißt ihn fort vom vollen Leben.
Bereitet oder nicht, zu gehen,
Er muß vor seinem Richter stehen!“ 96/2834

5. Aufzug (S. 97–112)

1. Szene

Die Tat Tells hat die Eidgenossen angespornt, auch ihrerseits

ihre Pflicht zu tun. Rings auf den Bergen brennen Signalfeuer,
die Glocken läuten: die verabredeten Zeichen, daß die Burgen
Sarnen und Roßberg zerstört sind. Da lassen sich auch die Ur-
ner nicht mehr von dem allzu bedenklichen Walther Fürst zu-
98/2861 rückhalten und machen sich daran, Zwing-Uri zu vernichten, so
daß es bald nur noch ein großer Trümmerhaufen ist. Als Melch-
thal und Baumgarten erscheinen und die Erfolge ihrer Landsleu-
te bestätigen, ist Walther Fürst freudig erregt. Aufmerksam hört
er Melchthals Bericht von der Erstürmung und Zerstörung Sar-
nens und was sich dabei ereignet hat, an: Aus dem Rauch er-
klang ein Jammerruf, und man hörte von Geßlers Buben, daß
sich Bertha von Bruneck unter den Trümmern befinde. Da kam
es darauf an, mit rascher Entschlossenheit zu handeln. Rudenz
und Melchthal setzten tapfer ihr Leben aufs Spiel und trugen ge-
meinsam die Verzweifelnde aus den brennenden Trümmern.
Edelmann und Bauer schlossen so ein festes Bündnis. Den Lan-
denberger führte man gefangen vor den blinden Vater Melch-
thals, um ihn dort mit dem Schwert zu bestrafen; doch die Barm-
herzigkeit des blinden Greises ließ ihn Verzicht auf Rache
schwören und dann entkommen. So stehen sie alle voller Freu-
de auf dem Trümmerfeld der Tyrannei, doch Walther Fürst ist
noch besorgt über die Möglichkeit, König Albrecht werde den
Tod Geßlers rächen und den Landenberger mit Gewalt zurück-
bringen. Da bringen Stauffacher und Rösselmann die Nachricht
100/2940 von der Ermordung Albrechts durch Parricida und seine Genos-
sen. Sofort nach ihnen kommt ein Reichsbote mit einem Brief
der Königinwitwe an, durch den die Schweizer zur Auslieferung
der Mörder aufgefordert werden. Stauffacher aber, Walther
Fürst und Melchthal weisen diese Zumutung zurück, und das
damit einverstandene Volk bricht auf, um Tell vor seinem Haus
zu feiern.

2. Szene

Voller Freude wartet Hedwig mit den beiden Jungen auf die Rückkehr ihres Mannes. Da erscheint Johannes Parricida, als Mönch verkleidet, an der Tür des Hauses. Obwohl Hedwig ahnt daß er kein Mönch ist, gibt sie trotzdem dem Durstigen zu trinken. Während sie noch mit ihm spricht, kommt Tell und wird von den beiden Jungen und seiner Frau stürmisch begrüßt. Durch Wilhelms Frage nach der Armbrust wird Hedwig an das Vergangene erinnert. Hastig tritt sie von ihrem Mann zurück, läßt seine Hand los und fragt ängstlich:

„Diese Hand,
Darf ich sie fassen? Diese Hand – o Gott!"

Tell aber, der sich keines Unrechts bewußt ist, antwortet ihr:

„Hat euch verteidigt und das Land gerettet;
Ich darf sie frei hinauf zum Himmel heben." 107/3145

Sobald ihm bei der nun folgenden Unterhaltung mit dem Mönch klar wird, daß es Parricida ist, schickt er die Familie ins Haus, um sie vor dem Kontakt mit dem Mörder zu bewahren. Als dieser dann die Tat nicht leugnet und sie mit der Tells auf die gleiche Stufe stellt, gerät dieser in Zorn und ruft ihm zu:

Gerächt hab' ich die heilige Natur, die du
Geschändet. – Nichts teil' ich mit dir. – Gemordet
Hast du, ich hab' mein Teuerstes verteidigt!"

Der Herzog Johannes hat einen hinterhältigen Mord auf dem Gewissen. Tell aber handelte aus Notwehr. Und doch hat er Mitleid mit dem Unglücklichen und versucht, ihn zu trösten. Er rät ihm, dem Papst seine Schuld zu beichten, seine Sünde zu büßen und läßt ihm von Hedwig Proviant geben, nachdem er ihm den gefährlichen und anstrengenden Weg, den er zu gehen hat, ausführlich beschrieben hat. Die Frage seiner Frau nach der Identität des Mönches wehrt er ab mit den Worten:

„Forsche nicht!
Und wenn er geht, so wende deine Augen,
Daß sie nicht sehen, welchen Weg er wandelt!" 111/3280

Dann entfernt sich Parricida.

Letzte Szene

Inzwischen sind Tells Landsleute herbeigeeilt. Während sie sich begeistert um ihren Retter versammeln, erscheinen Rudenz und

Bertha. Nachdem Rudenz die Landleute und Bertha Tells Frau
Hedwig umarmt hat, zum Zeichen ihrer Verbundenheit mit dem
112/3290 Volke der Schweizer, gibt Bertha als freie Schweizerin Rudenz
ihre Hand, und das Drama von der politischen Befreiung der
Schweiz endet damit, daß Rudenz die Leibeigenschaft seiner
Knechte aufhebt.

2.6 Charakteristik der Hauptpersonen

Wilhelm Tell

Von allen Schweizern, die uns Schiller in seinem Drama „Wilhelm Tell" vorführt, hebt sich keiner so sehr aus der Menge heraus wie Wilhelm Tell. In ihm finden wir alle guten Eigenschaften des Schweizervolkes verkörpert. Doch geht es bei dem Volk mehr um die physisch-persönliche Freiheit, so bei Tell selbst, als um die moralische Freiheit.

Tell ist ein echter Gemsenjäger mit allen körperlichen und geistigen Eigenschaften, die dieser Beruf erfordert. Er ist zäh, wetterfest und vertraut mit der Gebirgswelt. Sein Auge ist scharf, sein Arm stark. Mutig, umsichtig und alles schnell berechnend, begegnet er allen Gefahren der Gemsenjagd.

Der ständige Kampf mit der Gefahr, das lange Lauern und Beschleichen des Wildes – alles das hat ihn schweigsam und verschlossen in seiner Art, im Handeln aber um so entschlossener gemacht. Während der sturmerprobte Fährmann am Simon-Judä-Tage den Kampf mit den Wellen fürchtet, zwingt Tell das Boot tapfer durch den tobenden See. Als ihn seine Landsleute davor bewahren wollen, von den Söldnern Geßlers festgenommen zu werden, ruft er ihnen im Bewußtsein seiner Kraft zu:

> Ich helfe mir schon selbst. Geht, gute Leute!
> Meint ihr, wenn ich die Kraft gebrauchen wollte,
> Ich würde mich vor ihren Spießen fürchten?"

Sein Auge trügt ihn nicht im entscheidenden Augenblick, da er den Apfel vom Kopf seines Jungen schießt. Als er das Herren schiff von Uri steuert, das im Sturm dahinfliegt, achtet er genau darauf, ob sich nicht eine Möglichkeit zur Flucht zeigt, und läßt zugleich seine Armbrust, die neben ihm liegt, nicht aus den Augen. Während er dann das Schiff zum Großen Axen hinlenkt, wo ein Felsenriff abgeplattet in den See vorspringt, faßt er sein Schießzeug und schwingt sich auf die Platte, indem er das Schiff mit dem Fuß in die tosenden Wellen zurückstößt. So rettet er sich mutig und gewandt aus der Gewalt des Tyrannen.

In der hohlen Gasse von Küßnacht wartet er geduldig auf Geßler und lauert ihm wie einer Gemse auf. Im Vertrauen auf seine Armbrust schießt er den Pfeil sicher in das Herz des Landvogts.

Tell ist ein ganzer Mann; barmherzig gegen den bedrängten Baumgarten, voll Stolz gegen den unwürdigen Befehl, den Hut zu grüßen, treu seinem gegebenen Wort, großmütig gegen den waffenlosen Landvogt in den wilden Gründen des Schächentales, offen auf Geßlers heimtückische Frage und unerbittlich gegen die Bedränger seiner Familie und seines Landes.

Auch Frömmigkeit ist ein Charakterzug Tells. In höchster Not ruft er Gott um Hilfe an, auf dessen Gerechtigkeit er vertraut und auf dessen Barmherzigkeit er den verzweifelnden Parricida hinweist.

Tell ist auch ein liebender Ehemann, ein guter Vater und ein umsichtiger Haushalter. „Dachtest du denn gar nicht an Weib und Kind?" fragt ihn Hedwig vorwurfsvoll, und bekommt zur Antwort:

> Lieb Weib, ich dacht' an euch;
> Drum rettet' ich den Vater seinen Kindern."

Als umsichtiger Haushalter hat er auf seinem Hof ein festes Tor selbst gezimmert; denn, wie er sagt, „die Axt im Haus erspart den Zimmermann". Wer Tell als Ehemann und Vater richtig kennenlernen und schätzen will, muß sein Gespräch mit seinem Sohn Walther auf dem Hof und auf dem Wege zum Großvater, muß seinen inneren Kampf vor dem Apfelschuß miterleben und muß mit ihm in Gedanken in der hohlen Gasse auf seinen Feind warten.

So schildert der Dichter Wilhelm Tell als einen echten Schweizer, als einen würdigen Sohn seines Vaterlandes und dessen Entwicklung vom abseits lebenden, selbstgenügsamen Jäger zum Tyrannenmörder und Retter seines Volkes.

Werner Stauffacher

Werner Stauffacher steht in rüstigen Jahren und ist das Urbild des reichen Freibauern, der sein Haus vom Reich zu Lehen trägt. Wie ein Edelsitz, mit vollen Scheunen und Ställen, steht sein Haus an der Straße. Er weiß auch, damit umzugehen. Man kennt ihn als einen „Vater der Bedrängten". Großzügig spendet er dem Pilger und dem sammelnden Mönch, allen Wanderern gewährt er Unterkunft und Verpflegung, und nach Luzern wie nach Uri hin wohnen seine Gastfreunde, zu denen auch große Herrenleute gehören.

Als ernster, ruhiger und besonnener Mann, der sich seiner Pflichten gegen den Kaiser wohl bewußt ist, erkennt er auf die herausfordernde Frage des Landvogtes sofort das Lehnsrecht des Kaisers über sein Haus unumwunden an. Wie er selber stolz auf seine ererbte Freiheit ist, so ist er auch die wesentliche Ursache, daß „sich der Schwyzer nicht dem neuen Fürstenhaus will unterwerfen, sondern treu und fest beim Reich verharren". Auf Werner Stauffacher lastet das Bewußtsein der großen Verantwortung einer solchen Weigerung, und er hat Angst vor einem Kampf, den „das schwache Volk der Hirten" gegen die starke Heeresmacht des Hauses Habsburg aufnehmen soll. Er fürchtet die Verwüstungen des Krieges, fürchtet, daß die Feinde selbst im geheimen eine Erhebung wünschen, um dann mit dem Recht des Siegers die Freiheit der Schweiz völlig zu vernichten. So warnt er vor dem verhängnisvollen Entschluß seiner Landsleute; doch sobald dieser feststeht, setzt er ihn auch sofort, ohne noch einen Augenblick zu zögern, in die Tat um. Aber selbst jetzt ist er von jeder leidenschaftlichen Hast weit entfernt. Mit gewohnter Umsicht ordnet er noch an, wie während seiner Abwesenheit seine Frau die Pflichten des Hausherrn erfüllen soll.

Während er nun zur Ausführung des Planes schreitet, wird ihm sowohl die Notwendigkeit wie auch die Schwierigkeit des Unternehmens klar. Noch vor seinem Aufbruch kommt Baumgarten hilfesuchend zu ihm. Von ihm hört er von der Gewalttat des Wolfenschießen und von Baumgartens blutiger Selbsthilfe, von ihm auch die Blendung des alten Melchthal durch den Landenberger und die Nachricht von der Erbauung der Feste Zwing-Uri. Wenn auch sein Versuch, den starken und kühnen Tell für seinen Plan zu gewinnen, mißlingt, so setzt er unbeirrt seinen Weg zu Walther Fürst fort, der ihn mit Arnold von Melchthal zusammenführt, und zur Versammlung auf dem Rütli. Hier ist Stauffacher der geistige Leiter, aber eigentlich nur die Artikulation des in allen lebenden Wunsches, und der große Augenblick hebt ihn über sich selbst hinaus. Ruhig und schlicht, aber mit Ernst und Würde beginnt er zu sprechen. Immer wuchtiger und schärfer wird dann seine Rede, als er das Recht seines Volkes auf politische Freiheit vertritt, bis er sich am Schluß auf die Urrechte der Menschheit beruft und mit hinreißender Begeisterung spricht.
Der Schwur auf dem Rütli ist geleistet. Nun heißt es auch für Stauffacher, die Tugend zu üben, die sich

> „Bald kühn hervordrängt, bald geduldig schmiegt,
> damit das Gute wirke, wachse, fromme,
> Damit der Tag dem Edlen endlich komme."

Er läßt sich von Melchthals Tollkühnheit nicht fortreißen, als Tell um sein und seines Kindes Leben kämpft; er wankt im gefaßten Entschluß beim Tode Albrechts nicht, und er weiß den politischen Vorteil seines Landes durch die Unterstützung des neuen Kaisers Heinrich auszunützen.
So stolz Stauffacher auch auf seinen Besitz und seine Freiheit ist und so sehr er auch im Mittelpunkt der gewaltigen Volksbewegung steht, so gesteht er doch bescheiden den Sieg Tell zu, dem Retter aus der Not.

Walther Fürst

Walther Fürst, Tells Schwiegervater und Stauffachers Freund, ein ehrwürdiger alter Mann, ist freundlich gesonnen und freiheitsliebend, aber infolge seines Alters allzu bedenklich und ängstlich. Er bildet so ein Gegengewicht zu dem feurigen Melchthal, dessen ungestümen Drang nach Rache er durch den Hinweis auf die Unangreifbarkeit des Tyrannen zu dämpfen weiß. Der Berufung auf die Pflicht der Notwehr stellt er zunächst die zweifelnde Frage nach der Möglichkeit einer Einigung der drei Länder entgegen. Als diese bejaht ist, macht er seine endgültige Entscheidung klar und scharf von der Frage nach dem Recht der Erhebung abhängig. Erst die zweifellose Gewißheit, daß auch die höchste Instanz, der Kaiser, versagt, gibt bei ihm den Ausschlag. Überall wittert er Verrat, und für die Versammlung wählt er einen ganz sicheren Ort, das Rütli; aber wenn es sein muß, entschließt er sich auch zum Äußersten. In allem jedoch bewahrt er Mäßigung, auch dann, als die Schweizer aufgefordert werden, die Ermordung des Königs zu rächen.

Arnold von Melchthal

Arnold von Melchthal vertritt unter den Führern des Volkes die stürmische Jugend. Im Zorn hat er einem Knecht des Landenbergers, der ihm wegen eines geringen Vergehens das beste Paar Ochsen vom Pflug abspannte, einen Finger zerschlagen und sich so den Haß des Vogtes zugezogen, so daß er sich versteckt halten muß. Ebenso ungestüm packt ihn die Wut bei der Nachricht von der Blendung seines Vaters, den er über alles liebt. Leidenschaftlich drängt er in der Unterredung mit Walther Fürst und Stauffacher darauf, die Vögte zu vertreiben, aber auch im stärksten Schmerz fügt er sich besserer Einsicht. Er ist auch am eifrigsten, für die Verschwörung und die Erstürmung der Zwingburgen Genossen zu werben. Sein Übereifer droht bisweilen, der guten Sache zu schaden; doch läßt er sich sofort von Stauffacher belehren und zurückhalten. Trotz seiner Jugend ist er klug und ausdauernd. Treu hilft er Rudenz bei der Rettung Berthas und besiegelt dadurch den Bund zwischen Adligen und Bauern. Die schwerste Probe der Beherrschung besteht er, indem er auf Bitten seines Vaters den Landenberger freiläßt und auf Rache an dem Todfeind verzichtet.

Freiherr von Attinghausen

Gebeugt von der Last der Jahre und ans Haus gefesselt, weiß der alte Freiherr, daß er in Kürze sterben muß. Die Hoffnungslosigkeit seines Alters wird noch dadurch gesteigert, daß er als Letzter seines Stammes beerdigt werden wird. Dieses Bewußtsein trifft ihn besonders tief, da er sehen muß, wie alles das, was ihm in seinem Leben groß und ehrwürdig erschienen ist, dahinzuschwinden droht. Sein Stolz war es, als „ein Selbstherr und ein Fürst auf seinem eigenen Erb' und freien Boden zu sitzen", aber zugleich galt es ihm als Ehrenpflicht des Adels, seinem Volk, dem er wegen der Reinheit seiner Sitten, wegen seiner Heldenkraft und seines Heldenmutes und wegen seiner Freiheitsliebe tief zugetan ist, ein Führer und Beschützer zu sein. So hat er als Lehnsherr patriarchalisch unter seinen Leuten gehandelt, als Landammann das Volk im Frieden geleitet und als Bannerträger in die Schlacht geführt. Und nun muß er es erleben, daß der jüngere Adel, angelockt von dem Glanz der Macht Habsburgs, den Idealen seiner Väter untreu wird, daß sein eigener Neffe hochmütig sein Volk verachtet und sich den Feinden des Landes anschließt. Der Gedanke, daß „seine edlen Güter, die er frei von Gott empfing", nach seinem Tode in österreichische Lehen verwandelt werden sollen, ist ihm überaus zuwider. Und letztendlich muß er auch noch sehen, wie das Volk „aus eignem Mittel, ohne Hülf' der Edeln" sich erhebt. Aber diese Tragik seines Alters, die sein Ende zu verschlimmern droht, löst sich schließlich versöhnend auf. Er, dessen Ideale in der Vergangenheit liegen, besitzt die Klarheit des Geistes, zu erkennen, daß die Menschheit in ihrer fortschreitenden Entwicklung immer neuer Ziele und Kräfte bedarf, und er ist vorurteilsfrei genug, zu ahnen, daß das aufsteigende Bürgertum jetzt ebenbürtig neben den Adel tritt. Unmittelbar vor seinem Tod erfährt er auch noch, daß sein Neffe „sein Herz gefunden hat" und mutig für die

Rechte seines Volkes eingetreten ist. Über alle Zweifel und Sorgen hinweg schaut er prophetisch in die Zukunft seines Landes und sieht sie auf dem sicheren Grunde der Einheit der Bürger, und mit der Mahnung, diese Einheit fest zu wahren, stirbt er.

Ulrich von Rudenz

Ulrich von Rudenz, der Neffe des Freiherrn, ist durch den Glanz des österreichischen Hofes geblendet und trägt mit Stolz die Abzeichen der österreichischen Herzöge, die Pfauenfeder und den Purpurmantel; er hat sich auch dem Gefolge des Landvogtes Geßler angeschlossen. Die Ermahnungen seines Onkels sind vergeblich; als jedoch Bertha von Bruneck, die er liebt, auf ihn eindrängt, findet er wieder zu sich selbst und stellt sich auf die Seite der Schweizer. Mutig erhebt er Einspruch nicht nur gegen die Gewalttat Geßlers, sondern gegen die Tyrannei der Vögte überhaupt und erklärt sich offen für sein Volk. Das Selbstgefühl des durch ritterliche Tugenden ausgezeichneten Adels erfüllt ihn mit Stolz und läßt ihn selbst vor einem Zweikampf nicht zurückschrecken. Angesichts seines toten Onkels empfindet er starke Reue über den Abfall von seinem Volk und verspricht feierlich, zu ihm zu stehen. Mit Unternehmungsgeist und mit der fortreißenden Kraft seiner Person bricht er zusammen mit Melchthal die Zwingburgen auf, um dann in vollem Verständnis für die sozialen Forderungen seiner Zeit alle seine Knechte zu freien Schweizern zu erklären.

Geßler

Geßler ist das Urbild eines Tyrannen. Die Freiheit und das Selbstbewußtsein der Schweizer sind ihm verhaßt, und mit unerschütterlicher Ausdauer geht er schonungslos vor. Zugleich ist er aber auch ein Feigling; denn als er wehrlos auf dem schmalen Felsgrat mit Tell zusammentrifft, verliert er alle Haltung, wird blaß und sinkt in die Knie. Das kann er dem Schützen nie vergeben, er, der will, daß alles vor ihm zittert und ihn fürchtet wie den Kaiser selbst. Daher seine Genugtuung, als er vor der Stange mit dem Herzogshut Tell im Wortwechsel mit seinen Söldnern entdeckt. Sofort übersieht er die Lage und weiß, wie er den gefürchteten Schützen am empfindlichsten treffen kann. Und nicht bloß Tell will er niederzwingen. Er ist entschlossen, das ganze Volk seinem Willen untertan zu machen. Zu diesem Zweck ist ihm jedes Mittel recht. Deshalb stellt er an Tell die ungeheuerliche Zumutung, einen Apfel vom Kopf seines Sohnes zu schießen. Während sich alle gegen diesen ungeheuerlichen Befehl voll Entsetzen auflehnen, bleibt Geßler kalt und regungslos in dem Sturm der Entrüstung, den er entfesselt hat. Er verschärft die Strafe sogar noch: „Du schießest oder stirbst mit deinem Knaben!“ Dann aber, als Tell den Apfel getroffen hat, verrät er seine Wut über das Mißlingen seines Planes. Sofort läßt ihn die Furcht vor der Rache des gequälten Mannes auf ein Mittel sinnen, sich vor dem gefährlichen Schützen ein für allemal zu sichern. Hinterlistig stellt er die Frage nach dem Zweck des zweiten Pfeiles und sichert Tell nach dessen ausweichender Antwort sein Leben zu. Die Antwort, die Tell jetzt gibt, bestätigt den Verdacht Geßlers. Nun ist er der Gewalt des Tyrannen ausgeliefert und wird gefesselt aufs Schiff geführt, um in sicheren Gewahrsam gebracht zu werden. Übermütig, grausam, hinterlistig, tückisch und unbarmherzig, wie er ist, wird Geßler durch nichts gerührt und weiß nichts von Gerechtigkeit und Menschlichkeit, und so reitet er auf dem Weg nach Küßnacht in sein Verderben. Unterwegs enthüllt er seinem Stallmeister den Sinn seiner grausamen Politik und seines Strebens: „Ich bin des Kaisers Diener und muß drauf denken, wie ich ihm gefalle.“ Noch im letzten Augenblick beweist er seine brutale Willkür. Indem er der armen Armgart ihr Recht verweigert, droht er dem ganzen Volke mit neuen Unterdrückungen: „Ich will . . .“ Da durchbohrt ihn Tells Pfeil.

2.7 Wort- und Sacherklärungen

I/1	37	Naue: Boot, Kahn (lat. navis)
	38	Firn: sich in Eis verwandelnder Altschnee
	66	Alzellen: Altzellen im Kanton Unterwalden
	74	Reisige: bewaffnete Reiter
	77	Roßberg: Burg im Kanton Unterwalden
	82	Hausrecht:altdeutsches und römisches Recht, erlaubte die Tötung ertappter Ehebrecher
	109	Föhn: warmer, trockener Südostwind in den Alpen
	121	Rettungsufer: das gegenüberliegende Ufer gehört zu einem außerhalb des Machtbereich des Landenbergers liegenden Kanton
	126	Bürglen: Dorf im Kanton Uri
	146	Simons und Judä: 28. Oktober
I/2	189	Gersau: Ort im Kanton Schwyz
	219	Küßnacht: Stadt und Burg im Kanton Schwyz, am Vierwaldstätter See
	244	Pergamente: Urkunden, die Reichsunmittelbarkeit von Schwyz und Uri bestätigend
	294	Herrenleute: Freie, nur dem Reich zinspflichtige Landleute
	336	Bannerherr: Träger des Landesbanners zu Kriegszeiten
I/3	360	Twing: Zwang (mhd. twingen = Gerichtsbarkeit ausüben)
	381	. . . zu Uri, in der Freiheit Land: der Kanton Uri war bereits seit 1231 reichsunmittelbar
I/4	519	Meinrads Zell: das Kloster Einsiedeln (Kt. Schwyz). Meinrad, Sohn des Grafen Berchtold von Hohenzollern, lebte an diesem Ort als Eremit
	521	Flüelen: am Ostufer des Urner Sees
	558	Sarnen: Ort im Kanton Unterwalden

561 Kerns: bei Sarnen
628 Schreckhorn, Jungfrau: Berge in den Berner Alpen
665 Landsgemeinde: Versammlung der stimmfähigen Männer eines Kantons
710 Obmann: Schiedsrichter
721 Brunnen, Treib: einander gegenüberliegende Orte am Vierwaldstätter See
727 Rütli: Waldwiese am Westufer des Urner Sees

II/1 758 Schaffner: Aufseher
780 f. Pfauenfeder, Purpurmantel: Zeichen des Hauses Habsburg
813 Landammann: Vorsitzender der Landsgemeinde
876 Gotthard: Paßstraße nach Italien
911 Favenz: Faenza bei Ravenna. Die Waldstätten unterstützten Kaiser Friedrich II. bei der Belagerung von Faenza. Der Kaiser verlieh ihnen daraufhin Freiheitsbriefe

II/2 965 Selisberg: Ort nahe dem Rütli
998 Surennen: Paß von Altorf nach Engelberg
1005 Runsen: Rinnen
1091 Horn von Uri: Auerhorn, von den Urnern auf Kriegszügen geblasen
1096 Sigrist: Küster
1126 Weibel: Gerichtsdiener
1178 Muotta: im Kanton Schwyz
1215 Kaiser Friedrichs Brief: Vgl. 911
1228 Heriban: Aufgebot waffenfähiger Männer zum Kriegsdienst
1229 Reichspanier: Reichsbanner
1234 Blutbann: höchste Gerichtsgewalt über Leben und Tod
1324 Rheinfeld: Rheinfelden bei Basel
1361 Rappersweil: Rappersweil im Kanton St. Gallen, am Züricher See
1455 Genoßsame: Genossenschaft

III/1 Weih: Weihe, Raubvogel

III/2 1700 Sel'ge Insel: nach Hesiod, Inseln der Seligen

III/3 1748 Hochwürden: Sanctissimum = Allerheiligstes, geweihte Hostie
1751 Monstranz: Gefäß in dem die Hostie aufbewahrt ist
1819 Mandat: Verordnung
2028 Den Handschuh . . .: Das Werfen des Handschuhs war unter Rittern das Zeichen zur Fehde (Zweikampf)

IV/1 2147 Kulmen: Bergkuppen
2189 Teufelsmünster: schroffe Felsklippe am Westufer des Urner Sees
2191 Hakmesser: am Ostufer des Urner Sees
2194 Fluh: schroffe Felswand
2227 Gransen: Schiffsschnabel

IV/2 2433 Üchtland: Land zwischen Alpen und Jura, nahe der Stadt Freiburg
2433 Thurgau: im Nordosten der Schweiz
2556 Botensegel: Botenschiff

IV/3 2652 Klostermei'r: Verwalter eines Klostergutes
2653 Mörlischachen: Merlischachen am Vierwaldstätter See
2654 Senten: Herden unter der Obhut eines Sennen
2655 Imisee: Immensee, in der Nähe Küßnachts gelegen
2665 Ruffi: Erdrutsch
2666 Glarner Land: Kanton Glarus, an Schwyz und Uri grenzend
2667 Glärnisch: Bergmassiv der Glarner Alpen
2670 Baden: im Aargau, nahe der Mündung der Limmat in die Aare. Einstige habsburgische Residenz
2739 Rigiberg: im Norden des Vierwaldstätter Sees, im Kanton Schwyz

V/1 2848 Stier von Uri: der Urner, der das Horn bläst (vgl. 1091)
2911 Urfehde: eidlicher Verzicht auf Rache
2947 Bruck: Ort im Aargau
2954 Vatermords: Johann von Schwaben war der Neffe König Albrechts I. Vatermord = hier so viel wie Verwandtenmord
2968 Hans und Leopold: Johann von Schwaben (Parricida) und Leopold, Sohn Albrechts I.
2977 Feste Habsburg: Habichtsburg, Stammsitz der Habsburger im Aargau
2998 Agnes: Tochter Albrechts I.
3024 Graf von Luxemburg: Heinrich VII; 1308 deutscher König, 1312 Kaiser
3034 Königin Elsbeth: Elsbeth von Kärnten, Witwe Albrechts I.

V/2 3108 Schächental: Seitental der Reuß
3259 Felsentor: das Urner Loch, 1707 durch die Felsen gesprengt.

3. Materialien und Diskussionsaspekte

3.1 Schiller und die Französische Revolution

Schillers *Widmungsgedicht* zum Wilhelm Tell verdient insofern Aufmerksamkeit, als Schiller in dessen erster Strophe indirekt auf die Vorgänge und Entwicklungen der französischen Revolution anspielt, deren brutaler Verlauf und deren Folgen (Koalitionskriege) Schiller durchaus abgestoßen haben. Dennoch ist Schiller gern als ideologischer Vorläufer der ‚Revolution' in Anspruch genommen worden. Auch in Tell hat man gelegentlich den *‚Revolutionär'* erkannt, was der Anlage des Dramas wie auch der Gestalt völlig zuwiderläuft.

Tatsache ist freilich, daß die französische Assamblée nationale Schiller am 26. 8. 1792 mit dem Titel ‚citoyen français' beehrte, sehr zu Schillers Mißfallen. Der Dichter erhielt den Bürgerbrief erst sechs Jahre später, zu einem Zeitpunkt, an dem die Unterzeichner und Ausfertiger der Urkunde längst der Guillotine zum Opfer gefallen waren. Unter dem 2. März 1798 teilt Schiller Goethe brieflich mit: „Gestern habe ich nun im Ernst das französische Bürger-Diplom erhalten, wovon schon vor fünf Jahren in den Zeitungen geredet wurde. Es ist damals ausgefertigt und von Roland unterschrieben worden. Weil aber der Name falsch (Monsieur Gille) geschrieben und nicht einmal eine Stadt oder Provinz auf der Adresse stand, so hat es freilich den Weg nicht zu mir finden können. Ich weiß nicht, wie es jetzt noch in Bewegung kam, aber kurz, es wurde mir geschickt, und zwar durch Campe in Braunschweig, der mir bei dieser Gelegenheit die schönsten Sachen sagt. Ich halte dafür, es wird nicht ganz übel sein, wenn ich es dem Herzog notifiziere, und um diese Gefälligkeit ersuche ich Sie, wenn es Sie nicht beschwert. Ich lege deswegen die Acta bei. Daß ich als ein deutscher Publizist kat'exochen darin erscheine, wird Sie hoffentlich auch belustigen."[2]

---

2) Goethe – Schiller Briefwechsel. Hrsg. Walther Killy. Frankfurt: Fischer 1961 (Exempla Classica 41). S. 317

Goethe antwortet darauf am 3. März 1798:
„Zu dem Bürger-Dekrete, das Ihnen aus dem Reich der Toten zugesendet worden, kann ich nur insofern Glück wünschen, als es Sie noch unter den Lebendigen angetroffen hat, warten Sie ja noch eine Weile, ehe Sie Ihre verewigten großen Mitbürger besuchen. Herr Campe scheint an der gefährlichsten aller Tollheiten, sowie noch mancher gute Deutsche, krank zu liegen. Leider ist dagegen sowenig als gegen andere Pest zu tun und zu sagen.“[3)]

Die Briefpassagen Schillers und Goethes sind deutlich genug, wenngleich beide Dichter keinen Augenblick an der weltgeschichtlichen Bedeutung der Vorgänge in Frankreich gezweifelt haben. Interessant in diesem Zusammenhang ist, was Schiller am 27. November 1788 an Caroline von Beulwitz im Blick auf die politischen Vorgänge in Frankreich geschrieben hat; Schiller meint, „daß jede einzelne ihre Kraft entwickelnde Menschenseele mehr ist als die größte Menschengesellschaft, wenn ich diese als ein ganzes betrachte. Der größte Staat ist ein Menschenwerk, der Mensch ist ein Werk der unerreichbaren großen Natur. Der Staat ist ein Geschöpf des Zufalls, aber der Mensch ist ein notwendiges Wesen, und durch was sonst ist ein Staat groß und ehrwürdig, als durch die Kräfte seiner Individuen? Der Staat ist nur eine Wirkung der Menschenkraft, nur ein Gedankenwerk, aber der Mensch ist die Quelle der Kraft selbst, und der Schöpfer des Gedankens.“[4)]

An seinen Freund Körner schreibt Schiller kurz vor der Hinrichtung des französischen Königs Ludwig XVI. (Brief vom 21. 12. 1792):

„Mir scheint diese Unternehmung (Intervention zugunsten des Königs) wichtig genug, um die Feder eines Vernünftigen zu beschäftigen; und ein deutscher Schriftsteller, der sich mit Freiheit und Beredsamkeit über diese Streitfrage erklärt, dürfte wahrscheinlich auf diese

---

3) Schillers Briefe, hrsg. u. mit Anm. vers. von Fritz Jonas. 7 Bde. Stuttgart: Deutsche Verlagsanstalt 1892 – 96. Bd. 2. S. 162 f.
4) Jonas. Bd. 3.

richtungslosen Köpfe einigen Eindruck machen . . . Der Schriftsteller, der für die Sache des Königs öffentlich streitet, darf bey dieser Gelegenheit schon einige wichtige Wahrheiten mehr sagen als ein anderer, und hat auch schon etwas mehr Credit. Vielleicht räthst Du mir an zu schweigen, aber ich glaube, daß man bei solchen Anlässen nicht indolent und unthätig bleiben darf. Hätte jeder freigesinnte Kopf geschwiegen, so wäre nie ein Schritt zu unserer Verbesserung geschehen. Es giebt Zeiten, wo man öffentlich sprechen muß, weil Empfänglichkeit dafür da ist, und eine solche Zeit scheint mir die jetzige zu seyn."[5)]

Es wird immer wieder behauptet, Schiller sei ursprünglich Sympathisant der Ideen sowie des anfänglichen Verlaufs der französischen Revolution gewesen. *Benno von Wiese* hält dem in einem wichtigen Aufsatz entgegen: „Es scheint nahe zu liegen, von dem Dichter der ‚Räuber', des ‚Fiesko', von ‚Kabale und Liebe' und ‚Don Carlos' zu erwarten, daß er die Revolution als eine Empörung gegen soziale Ungerechtigkeit, gesellschaftliche Korruption und dynastische Vormachtstellung nur als ein Ereignis im Fortschritt der Menschheit feiern konnte. Jedoch belehren uns alle Zeugnisse darüber, daß Schiller sich über die Vorgänge in Frankreich sehr viel negativer geäußert hat, als es – abgesehen von Goethe – sonst im Bereich des deutschen Geisteslebens der Fall war; Klopstock, Wieland, Herder, Fichte und Hegel seien als Beispiel dafür genannt. Zwar liest man immer wieder, daß Schiller die Revolution bei ihrem Beginn ‚begeistert' begrüßt habe, aber Belege dafür bleiben uns die Autoren schuldig."

Benno von Wiese: Schiller und die Französische Revolution.
In: *B. v. W.: Der Mensch in der Dichtung. Studien zur Deutschen und Europäischen Literatur. Düsseldorf: Bagel 1958, S. 150.*

3.2 Materialien zur Entstehung des „Tell"

Goethe berichtete von seiner Reise in die Schweiz am *14. 10. 1797* an Schiller:

„Was werden Sie nun aber sagen, wenn ich Ihnen vertraue, daß,

5) Jonas. Bd. 3. S. 233 f.

zwischen allen diesen prosaischen Stoffen, sich auch ein poetischer hervorgethan hat, der mir viel Zutrauen einflößt. Ich bin fest überzeugt, daß die Fabel vom Tell sich werde episch behandeln lassen, und es würde dabei, wenn es mir, wie ich vorhabe, gelingt, der sonderbare Fall eintreten daß das Mährchen durch die Poesie erst zu seiner vollkommenen Wahrheit gelangte, anstatt daß man sonst, um etwas zu leisten, die Geschichte zur Fabel machen muß."[6)]

Schiller antwortet darauf am *30.10.1797:*
„Die Idee von dem Wilhelm Tell ist sehr glücklich, und genau überlegt könnten Sie, nach dem Meister und nach dem Hermann, nur einen solchen, völlig local-charakteristischen Stoff, mit der gehörigen Originalität Ihres Geistes und der Frischheit der Stimmung behandeln. (...) Zugleich öffnet sich aus diesem schönen Stoffe wieder ein Blick in eine gewisse Weite des Menschengeschlechts, wie zwischen hohen Bergen eine Durchsicht in freie Fernen sich aufthut.
Wie sehr wünschte ich, auch dieses Gedichtes wegen, bald wieder mit Ihnen vereinigt zu sein."[7)]

Am *9.9.1802* teilt *Schiller* seinem Freunde *Christian Gottfried Körner* mit:
„Alsdann geht es hurtig an den Warbeck, wozu der Plan jetzt auch viel weiter gerückt ist, und unmittelbar nach diesem an den Wilhelm Tell, denn dieß ist das Stück, von dem ich Dir einmal schrieb, dass es mich lebhaft anziehe. Du hast vielleicht schon im vorigen Jahre davon reden hören, dass ich einen Wilhelm Tell bearbeite, denn selbst vor meiner Dresdener Reise wurde deßhalb aus Berlin und Hamburg bei mir angefragt. Es war mir niemals in den Sinn gekommen. – Weil aber die Nachfrage nach diesem Stück immer wiederhohlt wurde, so wurde ich aufmerksam darauf und ich fing an Tschudis Schweitzerische Geschichte zu studieren. Nun gieng mir ein Licht auf, denn dieser Schriftsteller hat einen so treuherzigen herodotischen, ja fast homerischen Geist, daß er einen poetisch zu stimmen im Stand ist. – Ob nun gleich

6) Briefwechsel. S. 250
7) Briefwechsel. S. 254

der Tell einer dramatischen Behandlung nichts weniger als günstig scheint, da die Handlung dem Ort und der Zeit nach ganz zerstreut auseinander liegt, da sie großentheils eine Staatsaction ist und (das Mährchen mit dem Hut und Apfel ausgenommen) der Darstellung widerstrebt, so habe ich doch biß jetzt soviel poetische Operation damit vorgenommen, daß sie aus dem historischen heraus und ins poetische eingetreten ist. Uebrigens brauche ich Dir nicht zu sagen, daß es eine verteufelte Aufgabe ist; denn wenn ich auch von allen Erwartungen, die das Publicum und das Zeitalter gerade zu diesem Stoff mitbringt, wie billig abstrahire, so bleibt mir doch eine sehr hohe poetische Forderung zu erfüllen, weil hier ein ganzes, local-bedingtes Volk, ein ganzes und entferntes Zeitalter, und, was die Hauptsache ist, ein ganz örtliches, ja beinah individuelles und einziges Phänomen, mit dem Charakter der höchsten Nothwendigkeit und Wahrheit soll zur Anschauung gebracht werden. Indeß stehen schon die Säulen des Gebäudes fest und ich hoffe einen soliden Bau zu Stande zu bringen."[8]

Aber offenbar hatte Schiller sich bereits früher intensiv zumindest um den Tell*stoff* bemüht, wie aus einen Bericht (1810) des Musikkritikers, Schriftstellers und Herausgebers der Leipziger ‚Allgemeinen Musikalischen Zeitung' (Breitkopf & Härtel) *Friedrich Rochlitz (1770-1842)* hervorgeht:

„Er sprach viel darüber zu mir und fand an dem Stoff vornähmlich auszusetzen, daß er nur zu einigen Meisterszenen, aber nicht zu einem ganzen Drama hinreiche. Schiller hatte denselben damals nämlich recht eigentlich auf den Tell selbst beschränkt; die Mitwürkung jener Grausamkeit Geßlers zur Befreyung der Schweitz sollte nur am Ende gleichsam summarisch angedeutet werden etc. Das Ganze hatte er noch nicht von der Höhe gesehen, geordnet und zusammengefaßt, wie es nun sein herrliches Werk darlegt."[9]

8) Friedrich Schiller von 1795 bis 1805. Dichter über ihre Dichtungen. Hrsg. Bodo Lecke. München: Heimeran 1970. S. 490–532

9) Gustav Kettner: Studien zu Schillers Dramen. Bd. 1, Wilhelm Tell. Berlin 1909. S. 27

Unter dem *5.8.1803* teilt *Schiller* dem Schauspieler, Theaterdirektor in Berlin und Dramatiker *August Wilhelm Iffland (1759-1814)* mit:
„Der Tell ist ein solches Volksstück, wie Sie es wünschen. Der verruchte Stoff bringt mich zwar beinahe zur Verzweiflung, denn die historischen Elemente desselben sind recht zum Fluch der Poesie zusammen geweht worden, aber das theatralisch wirkende, das Volksmäßige ist in hohem Grade da – in meinem Plan nehmlich, denn an die wirkliche Ausführung hat mich der verzweifelte Kampf mit dem Stoff bis jetzt noch nicht kommen lassen. Bei diesem Stücke aber liegt gerade alles in der Anordnung und die Ausführung ist dann die leichtere Arbeit. Es wird in Prosa geschrieben und also auch von dieser Seite leicht zu executieren seyn; aber auf eine vielfache Verwandlung der Scene und auf ein zahlreiches buntes Personal müssen Sie sich darinn gefaßt machen. Vor Ende Jänners kann ich nicht damit zu Stande seyn, aber wenn der 3 Acte fertig, sende ich sie Ihnen zu, und die Decorationen will ich Ihnen noch vor Ablauf dieses Monats bestimmen. Auf ein schönes Geläut müssen Sie denken, denn dieses Schweitzerische Stück fängt billig mit dem Klang der Heerden, mit dem Kuhhirten und den Kuhreihen an. Lassen Sie doch etwa Zeltern einen recht schönen Kuhreihen ausdenken, worinn das Eigenthümliche der Schweitzerischen beibehalten ist. Auch muß ich bitten, daß ich Geßlern einmal zu Pferd auf die Bühne bringen kann. Er ist auf allen Kupfern, wo der Schuß nach dem Apfel dargestellt ist, zu Pferde sitzend abgebildet, auch dient mir dieses zu wesentlichen Zwecken der Darstellung in dieser Scene."[10)]

Am *18.8.1803* erklärte er *Wilhelm von Humboldt (1767-1835):*
„Wilhelm Tell ist es jetzt, was mich beschäftigt, aber dieser Stoff ist sehr widerstrebend und kostet mir große Mühe; da er aber sonst großen Reiz hat und sich durch seine Volksmäßigkeit so sehr zum

10) Friedrich Schiller von 1795 bis 1805. Dichter über ihre Dichtungen. Hrsg. Bodo Lecke. München: Heimeran 1970. S. 490–532

Theater empfiehlt, so lasse ich mir die Arbeit nicht verdrießen, ihn endlich noch zu überwältigen."[11]

Wilhelm von Wolzogen (1762-1809) teilt er unter dem *27.10.1803* mit:
„... auch bin ich leidlich fleißig und arbeite an dem Wilhelm Tell, womit ich den Leuten den Kopf wieder warm zu machen denke. Sie sind auf solche Volksgegenstände ganz verteufelt erpicht, und jetzt besonders ist von der schweizerischen Freiheit desto mehr die Rede, weil sie aus der Welt verschwunden ist*."[12]

Iffland schreibt er am *5.12.1803:*
„Gern wolte ich Ihnen das Stück Aktenweise zuschicken, aber es entsteht nicht Aktenweise, sondern die Sache erfordert, daß ich gewisse Handlungen, die zusammen gehören, durch alle fünf Akte durchführe, und dann erst zu andern übergehe. So z.B. steht der Tell selbst ziemlich für sich in dem Stück, seine Sache ist eine Privatsache, und bleibt es, bis sie am Schluss mit der öffentlichen Sache zusammengreift."[13]

Am *24.3.1804* teilt *Schiller* dem Hamburger Theaterdirektor *Jakob Herzfeld (1763-1826)* mit:
„Hierbei erhalten Sie, werthester Herr, das Mscrpt des Tell, wie wir dieses Stück hier in Weimar geben. Die Bedingungen sind dieselben wie bei der Braut von Messina und wenn ich vom Erfolg dieses Stückes auf hiesiger Bühne schließen darf, so werden Sie Aufwand und Mühe nach Wunsch belohnt finden. Da gegen 40 einzeln sprechende Rollen darinn vorkommen, so werden Sie, so wie wir hier gethan, die kleineren Rollen duplieren müssen, welches recht gut angeht. Ich bemerke auf beiliegendem Blatt, welche Rollen sich durch

---

11) Friedrich Schiller von 1795 bis 1805. Dichter über ihre Dichtungen. Hrsg. Bodo Lecke. München: Heimeran 1970. S. 490–532

12) dto.

13) dto.

* 1798 Besetzung der Schweiz durch französische Truppen. Deklaration der von Frankreich abhängigen Helvetischen Republik.

denselben Schauspieler geben lassen, doch versteht es sich, daß sich jedes Theater hierinn nach seinem Personale richtet. Hier in Weimar haben wir mit 17 Schauspielern 30 männliche Rollen besetzt, ohne daß es nöthig gewesen wäre, die Hauptrollen zu duplieren. Das Costüme ist das des Mittelalters, nur daß durchaus die schweizerischen weiten Pumphosen getragen werden. Die gemeinen Landleute gehen im bloßen Hemd und Hosenträger, wodurch viele Kleider gespart werden.
Auf ein geschicktes Arrangement der Volksscenen kommt das Meiste an."[14]

Zur geplanten *Berliner Aufführung* unter *Iffland* entstand zwischen *Schiller* und *Iffland* gewisser Stellen wegen ein auf einem von Iffland angelegten Fragebogen ein schriftlicher *Disput:*

Ifflands Bemerkungen:
„Als ich im Lesen an den *Monolog Tells* kam, ward ich sehr gespannt, als ich auf die zweite Seite gerieth, verlor sich diese Spannung; und da der Monolog zu Ende war, bemeisterte sich meiner eine wunderbare Empfindung. Das Bildnis Tells hatte den lieblichen Schimmer verloren, die Vernunft konnte den langsamen, vesten Vorsatz des Mordes begreifen; aber ich weiß nicht, was sich inwendig regte und mir zuflüsterte: so lange sollte Tell vor dem Morde nicht da stehen und mit sich allein dabei reden. Freilich heißt dies Reden eigentlich dencken, und soll nicht Reden bedeuten; allein diese Bemerkung vergißt sich und Tell verliert darüber."

Schillers Replik:
„Gegen Empfindungen läßt sich durch Argumente nicht streiten. Tells Monolog, das beste im ganzen Stück, muß sich also selbst erklären und rechtfertigen. Gerade in dieser Situation, welche der Monolog ausspricht, liegt das Rührende des Stücks, und es wäre gar nicht gemacht worden, wenn nicht diese Situation und dieser Empfindungs-

14) Friedrich Schiller von 1795 bis 1805. Dichter über ihre Dichtungen. Hrsg. Bodo Lecke. München: Heimeran 1970. S. 490–532

zustand, worinn Tell sich in diesem Monolog befindet, dazu bewogen hätten.
Übrigens ist dieser Monolog bei der Vorstellung von einer sehr hohen und allgemeinen Wirkung gewesen, und kein Theil der Rolle war für den Schauspieler so belohnend."

Zur Parricida-Szene:
Ifflands Bemerkungen:
„Als im 5. Akt Stauffacher den Mord Kaiser Alberts erzählt, dachte ich, nun werden die Schweizer die That verabscheuen, den Schluß fassen, die Mörder nicht aufzunehmen, und dann wird alles zu Tell sich wenden und in der größten Einigung das Stück enden.
Nun war mir es, als hielte sich alles Volck zu lange bei dieser Katastrophe auf und bei den Briefe der Königin. Die Erscheinung des Parricida befremdete mich; was mit ihm vorgeht, gab mir Mißgefühl. Es schien mir, als übe Tell sich zu hart. Es führt mich von der Sache weg.
Überhaupt konnte und kann ich des Gedenkens mich nicht erwehren, Parricida sollte gar nicht erscheinen, und es sollte überall Tells Wohnung im 5. Acte nicht da seyn. Man wird aus dem Großen gleichsam ins Detail geführt, und es ist mir, als gienge die Empfindung diesen Gang mit Widerstreben.'

Schillers Replik:
„Parricidas Erscheinung ist der Schlußstein des Ganzen. Tells Mordthat wird durch ihn allein moralisch und poetisch aufgelößt. Neben dem ruchlosen Mord aus Impietaet und Ehrsucht steht nunmehr Tells nothgedrungene That, sie erscheint schuldlos in der Zusammenstellung mit einem ihr so ganz unähnlichen Gegenstück, und die Hauptidee des ganzen Stücks wird eben dadurch ausgesprochen, nehmlich: „Das Nothwendige und Rechtliche der Selbsthilfe in einem streng bestimmten Fall." Das poetisch große liegt überall nicht in der Maße, sondern in dem Gehalt der Situationen und in der tragischen Dignität der Charactere. Wenn Tell und seine Familie nicht der intereßanteste Gegenstand im Stücke sind und bleiben,

wenn man auf etwas anderes begieriger seyn könnte, als auf ihn, so wäre die Absicht des Werks sehr verfehlt worden."[15]

Schiller an *Körner, 10.12.1804:*
„Wenn man in Dresden den Wilhelm Tell zu geben denkt, so wäre es doch wohl anständiger dieses Stück nach derjenigen Bearbeitung die ich fürs hiesige Theater davon gemacht habe, zu geben. Sie ist sehr wesentlich verkürzt, und z.B. der ganze fünfte Act weggelassen, weil wir des Kaisermords nicht erwähnen wollten."[16]
Inwieweit Schiller duch Goethes Kritiken dazu bewogen worden ist, schließlich auch bei den Weimarer Aufführungen auf den 5. Akt gänzlich zu verzichten, ist sicherlich nicht restlos aufzuklären. Wichtig in diesem Zusammenhang ist jedenfalls *Goethes* Bemerkung zu *Eckermann* vom *16.3.1831,* wobei allerdings zu fragen ist, wie weit Goethes Urteil kurz vor seinem Tode und so sehr entfernt der Zusammenarbeit mit Schiller als zutreffend anzusehen ist:

> Mittwoch den 16. März 1831.
>
> Mit Goethe zu Tische, dem ich das Manuskript vom vierten Band seines ‚Lebens' zurückbringe und darüber mancherlei Gespräche habe.
>
> Wir reden auch über den Schuß des ‚Tell', und ich gebe mein Verwundern zu erkennen, wie Schiller den Fehler habe machen können, seinen Helden durch das unedle Benehmen gegen den flüchtigen Herzog von Schwaben so herabsinken zu lassen, indem er über diesen ein hartes Gericht hält, während er sich selbst mit seiner eigenen That brüstet.
>
> „Es ist kaum begreiflich", sagte Goethe; „allein Schiller war dem Einfluß von Frauen unterworfen wie andere auch, und wenn er in diesem Fall so fehlen konnte, so geschah es mehr aus solchen Einwirkungen als aus seiner eigenen guten Natur."[17]

15) Deutsche Rundschau 206, 1926. S. 107 f.
16) Friedrich Schiller von 1795 bis 1805. Dichter über ihre Dichtungen. Hrsg. Bodo Lecke. München: Heimeran 1970. S. 490–532
17) Eckermann Bd. 2. S. 216

Schiller an *Wilhelm von Humboldt (1767-1835)* vom *2.4.1805:*
„Noch hoffe ich in meinem poetischen Streben keinen Rückschritt gethan zu haben, einen Seitenschritt vielleicht, indem es mir begegnet seyn kann, den materiellen Forderungen der Welt und der Zeit etwas eingeräumt zu haben. Die Werke des dramatischen Dichters werden schneller als alle andre von dem Zeitstrom ergriffen, er kommt selbst wider Willen mit der großen Masse in eine vielseitige Berührung, bei der man nicht immer rein bleibt. Anfangs gefällt es, den Herrscher zu machen über die Gemüther, aber welchem Herrscher begegnet es nicht, daß er auch wieder der Diener seiner Diener wird, um seine Herrschaft zu behaupten. Und so kann es leicht geschehen seyn, daß ich, indem ich die deutschen Bühnen mit dem Geräusch meiner Stücke erfüllte, auch von den deutschen Bühnen etwas angenommen habe."[18)]

3.3 Materialien zur Wirkungsgeschichte

Eine der unmittelbarsten Kritiken auf Schillers Drama, das am *17. 3. 1804* in Weimar *uraufgeführt* wurde, findet sich in dem von August von Kotzebue und Garlieb Merkel herausgegebenen Unterhaltungsblatt *,Der Freimüthige'* (Nr.63) vom *29.3.1804:*
„Schillers ,Wilhelm Tell' ist, nach dem Urtheil verständiger Zuschauer (die es in Weimar aufführen sahen,) keines seiner vorzüglichsten Produkte. Durch die Halsstarrigkeit, mit welcher Schiller darauf besteht, den Chor auf der Deutschen Bühne einzuführen, hat er sich selbst die herrlichsten Situationen verdorben, z.B. die Verschwörungs-Szene im Rütli."

Der Rezensent der schweizerischen Monatsschrift *,Isis'* schreibt unter dem *März 1805:*
„Der größte von Deutschlands jetztlebenden dramatischen Dichtern stellte uns endlich auch einen Wilhelm Tell auf, und – es ist freilich wenig gesagt – es ist das beßte von allen über diesen Gegenstand

18) Friedrich Schiller von 1795 bis 1805. Dichter über ihre Dichtungen. Hrsg. Bodo Lecke. München: Heimeran 1970. S. 490–532

vorhandenen Kunstwerken. So viel Mühe aber auch die deutschen Journale sich gaben, dieses Tells Ruhm zu posaunen – in der Schweiz selbst sah man die hochgepriesene Erscheinung, zwar nicht ohne Beifall, aber doch ohne Enthusiasmus an, und fand sie hin und wieder sogar etwas mittelmäßig. (...) wir sehn neugierig die Erscheinung der dramatischen Laterna magica vorüberschweben, und tragen zuletzt nichts mit davon, als den dunklen Abriß einer Schweizer-Geschichte, und die Erinnerung an einzelne meisterhaft ausgearbeitete Scenen. Hätte sich der Dichter mehr an die Eingebung seines Genie's, als an die Historie gehalten, er würde ohne Zweifel etwas Vollendetes geleistet haben."

August Wilhelm Schlegel (1767-1845) führt in seinen *,Vorlesungen über dramatische Kunst und Literatur' 1808* in Wien folgendes zu Schillers Werk aus.:
„Das letzte von Schillers Werken, Wilhelm Tell ist meines Erachtens auch das vortrefflichste. Hier ist er ganz zur Poesie der Geschichte zurückgekehrt; die Behandlung ist treu, herzlich, und bei Schillers Unbekanntschaft mit der schweizerischen Natur und Landessitte von bewundernswürdiger örtlicher Wahrheit."[19)]
Wesentlich ungünstiger als die Kritik des Schiller persönlich seit 1797 sehr reserviert gegenüberstehenden *A. W. Schlegel* fallen diejenigen der anderen Romantiker, *Solger, Tieck* und *Eichendorff,* aus.
In einer Rezension zu *A.W. Schlegels „Vorlesungen über dramatische Kunst und Literatur"* läßt *Karl Wilhelm Ferdinand Solger (1780-1819)*, der berühmte romantische Ästhetiker, sich in folgender Weise verlauten:
Da hier einmal vom Historischen die Rede war, so wollen wir gleich auf Schillers letztes Stück, den „Tell" kommen, dessen hohes Lob bei unserem Verfasser Rez(ensent), wie er aufrichtig gestehen muß, nicht begreift. Die Absicht des Dichters war hier offenbar auf das Historische gerichtet, wozu ihm Shak(e)speare, wie zu dem Schicksal im „Wallenstein" die Bekanntschaft mit den Alten, den Anlaß geben

19) Schiller – Zeitgenosse aller Epochen. Dokumente zur Wirkungsgeschichte Schillers in Deutschland Teil I: 1782 – 1859. Hrsg. von Norbert Oellers. Frankfurt: Athenäum 1970. S. 131

mochte. Der Anfang des „Tell" hat auch einen raschen Fortschritt, und man fühlt sich mit Zufriedenheit im historischen Elemente. Aber nun kommt wieder die Sehnsucht nach dem Idealen in Beiwerken und der Liebesgeschichte, und was noch weit schlimmer ist, eine alles verwirrende skeptische Ansicht der Taten des Helden, die zuletzt durch den ganz willkürlich herbeigeführten Kontrast mit dem Johannes Parricida durchgeschnitten werden soll. Dadurch schwindet der dramatische Sinn gänzlich, und das Stück wird, nach des Rez(ensenten) Meinung, zu einem der schwächsten. Shak(e)speare hätte wahrscheinlich eine so fabelhafte, volksmäßig idealische Geschichte niemals zum Hauptgegenstande eines historischen Stückes gemacht, und sie höchstens mit in den Verlauf eines gößeren historischen Zusammenhangs aufgenommen, eben wie die der „Jungfrau von Orleans". Aber gerade diese ungünstige Beschaffenheit war es, wodurch Schiller gereizt wurde.[20)]

Ludwig Tieck (1773-1853), dessen Schiller-Kritiken einiges Aufsehen erregten, schrieb *1827* in den *‚Dramaturgischen Blättern'* über den Tell:

„In dem letzten herrlichen Werke dieses edlen Geistes spricht wieder völlig ein echter deutscher Geist, ein großer und reiner Sinn für Freiheit, Recht und Sitte. Diese Gesinnung hat die Herzen der Deutschen gewonnen und ihren Enthusiasmus für den Dichter aufs neue entzündet. Wenn aber manche, selbst bedeutende Kritiker, dieses Werk für das beste, für die Krone Schillers haben erklären wollen[1], so kann ich so wenig mit diesem Urteil übereinstimmen, daß ich vielmehr das Schauspiel im Schauspiele vermisse, und daß, wie ich glaube, die ganze Virtuosität und Erfahrung eines gereiften Dichters dazugehörte, um aus diesen einzelnen Szenen und Bildern, aus diesen Reden und Schilderungen, fast unmöglichen Aufgaben und Begebenheiten, die meist undramatisch sind, scheinbar ein Ganzes zu machen. „Wallenstein" und „Maria Stuart" sind Kunstwerke in einem viel höhern Sinn und das Fragmentartige des „Tell" beweiset

20) Oellers. S. 157

sich schon darin, daß man ohne Nachteil, vielleicht mit Gewinn den Schluß weglassen, und die Szene der Liebe ausstreichen könnte, die durchaus nicht mit dem Ton des Ganzen zusammklingen will. Dieses Werk ist eben ein Beweis, wie leicht wir Deutschen uns, vorzüglich die Deutschen der neuern Zeit, an Gesinnung und Schilderung begnügen. In England und noch weniger in Frankreich könnte der „Tell" selbst mit Veränderungen und Beschränkungen kein Glück machen, außer wenn man ihn (was die Musen verhüten werden) in London zu einem Melodram oder Dekorationsstück umschüfe.[21)]
Und *1831* kann man aus Tiecks Feder in der Abhandlung *„Über die geschichtliche Entwickelung der neueren Bühne"* folgendes lesen: „War doch Iffland, so gern er die Schillerschen Helden spielte, die er entstellte, ebenfalls nicht mit Schiller, wenn er aufrichtig war, einverstanden. Der Theaterkenner mußte fühlen, daß diese neueren Bühnenstücke zu wenig auf die Bühne selbst Rücksicht nahmen, daß ihre Auctorität und der Einfluß, den sie dadurch gewonnen, der wahren Schauspielkunst nachteilig werden konnten. Hatte man geglaubt, daß früher nur ein Naturalist von regem Gefühl notwendig sei, um die rührenden Trivialitäten Ifflands wahr darzustellen, fürchtete man, bei diesen wie bei den Naturkindern und Fehlgeburten Kotzebues gehe alle Kunst des Schauspielers unter, indem sie überflüssig werde, so fühlte der Kenner wohl, daß Schiller durch diese Monologe, Schilderungen und lyrischen Ergüsse zur Künstelei, zur isolierten Deklamation, die nichts mehr mit dem Theaterspiel einer Szene zu tun hat, aufforderte. Die glänzendsten Poesiestücke seiner „Jungfrau", ihr erster Monolog, sowie der zweite große vor dem Aufzuge und manches im „Tell" kann schwerlich, der Wahrheit gemäß, auf echte theatralische Weise gegeben und gesprochen werden. Der Dichter herrscht vor, der gewöhnliche Deklamator reißt sich noch mehr los, wir sehn, wir hören ein Deklamatorium, wir sind im Konzert und stehn vor einem Melodrama, das wieder dem Schauspiele später Platz macht. Gewiß gibt es eine Kunst, auch diese Stellen, die für den wahren Theaterfreund jedesmal alle Täuschung aufheben, so zu

---

21) Oellers. S. 172

sprechen und zu spielen, daß sie wiederum wahr und natürlich werden.'[22])

Ähnliche Vorbehalte gegen den Tell äußerte *Joseph von Eichendorff* (1788 - 1857) in seiner 1854 erschienenen Abhandlung *„Zur Geschichte des Dramas":*

„Selbst in seinem verhältnismäßig objektivsten Drama, im ‚Tell', ist es der abstrakten Idee der Freiheit keineswegs genügend gelungen, in persönlichen Gestalten lebendig aufzugehen; es ist eine reflektierte Natur, eine mit fühlbarer Herablassung ins Bäurische übersetzte Rhetorik, wofür besonders Tells Monolog an der Hohlen Gasse bezeichnend erscheint, der mit seiner langen schönrednerischen Entschuldigung dem Morde Geßlers alle Unmittelbarkeit frischer Naturgewalt nimmt, und daher mehr verletzend als versöhnend wirkt. (. . .) Schiller gehört überhaupt, schon durch die gewählte Pracht seiner Diktion, wesentlich zu den gelehrten Kunstdichtern. Es dürfte daher auf den ersten Blick befremden, wie er, wenigstens nach der Versicherung der neuesten Literarhistoriker, so schnell und allgemein ein Liebling der Nation werden konnte. Allein diese Annahme ist im Grunde nur eine gemütliche Illusion. Er hat bei aller hergebrachten Bewunderung, gleich Klopstock, nie recht lebendig ins Volk gegriffen, und seine Stücke gehen nur noch selten, und vor meist leeren Bänken, über die Bühne. Er war und ist in Wahrheit nicht ein Liebling des Volks, sondern nur der sogenannten Gebildeten. Und dies ist er nicht durch seine Poesie, sondern dadurch geworden, daß diese Poesie die eben gangbaren und allgemein faßlichen Zeitideen, den politischen Liberalismus und den religiösen Rationalismus, zu idealisieren unternahm, noch mehr aber, wie wir gern und freudig anerkennen, durch die hochgestimmte Gesinnung und die ethische Gewalt der eignen Überzeugung, womit er überall nur das, was er für das Wahre und Höchste hielt, ehrlich zu verherrlichen strebte."[23])

---

22) Oellers. S. 179

23) Joseph Freiherr von Eichendorff. Neue Gesamtausgabe der Werke und Schriften in vier Bänden. 4. Bd. Hrsg. von Gerhart Baumann in Verb. mit Siegfried Grosse. Stuttgart: Cotta 1958. S. 595 – 596

Der den *Jungdeutschen* nahestehende Schriftsteller und liberale Journalist *Ludwig Börne (1786 - 1837)* urteilt in seinem Aufsatz *„Über den Charakter des Wilhelm Tell in Schillers Drama"* äußerst hart über Schillers Drama; seine Stellungnahme ist jedoch keineswegs symptomatisch für die literarische Bewegung des „Jungen Deutschland", Heinrich Laube (1806 - 1884) z. B., der Verfasser des enthusiastischen Schillerdramas „Die Karlsschüler", vertritt Schiller gegenüber eine wesentlich positivere Haltung und Wertung.
Börne hingegen führt aus:
‚Aus Schillers liebevollem, weltumflutenden Herzen entsprang Tells beschränktes, häusliches Gemüt und seine kleine enge Tat; die Fehler des Gedichtes sind die Tugenden des Dichters. (. . .)
Es tut mir leid um den guten Tell, aber er ist ein großer Philister. Er wiegt all sein Tun oder Reden nach Drachmen ab, als stünde Tod oder Leben auf mehr oder weniger. Dieses abgemessene Betragen im Angesichte grenzenlosen Elends und unermeßlicher Berge ist etwas abgeschmackt. Man muß lächeln über die wunderliche Laune des Schicksals, das einen so geringen Mann bei einer fürstlichen Tat Gevatter stehen und durch dessen linkisches Benehmen die ernste Feier lächerlich werden ließ. Tell hat mehr von einem Kleinbürger als von einem schlichten Landmann. Ohne aus seinem Verhältnisse zu treten, sieht er aus seinem Dachfenster über dasselbe hinaus; das macht ihn klug, das macht ihn ängstlich. Als braver Mann hat er sich zwar den Kreis seiner Pflichten nicht zu eng gezogen; doch tut er nur seine Schuldigkeit, nicht mehr und nicht weniger. Er hat eine Art Lebensphilosophie und ist mit Überlegung, was seine Landesleute und Standesgenossen aus bewußtlosem Naturgetriebe sind. Er ist ein guter Bürger, ein guter Vater, ein guter Gatte. Es ist sehr komisch, daß er seinen gesunden Bergesknaben, starken Kindern einer rauhen Zeit, eine Art Erziehung gibt, wie sie Salzmann in Schnepfenthal den seidnen Püppchen des 18. Jahrhunderts gab. Er härtet sie ab, sie sollen ausgerüstet werden gegen das Ungemach des Lebens, ja er bemüht sich sogar, ihren Verstand aufzuklären und die abergläubische Wirkung der Ammenmärchen zu zerstören. Tell hat den Mut des Temperaments, den das Bewußtsein körperlicher Kraft gibt; doch

nicht den schönen Mut des Herzens, der, selbst unermeßlich, die Gefahr gar nicht berechnet. Er ist mutig mit dem Arm, aber furchtsam mit der Zunge, er hat eine schnelle Hand und einen langsamen Kopf, und so bringt ihn endlich seine gutmütige Bedenklichkeit dahin, sich hinter den Busch zu stellen und einen schnöden Meuchelmord zu begehen, statt mit edlem Trotze eine schöne Tat zu tun.
Tells Charakter ist die Untertänigkeit. Der Platz, den ihm die Natur, die bürgerliche Gesellschaft und der Zufall angewiesen, den füllt er aus und weiß ihn zu behaupten; das Ganze überblickt er nicht und bekümmert sich nicht darum. Wie ein schlechter Arzt sieht er in den Übeln des Landes und seinen eigenen nur die Symptome, und nur diese sucht er zu heilen. Geschickt und bereit, den einzelnen Bedrängten und sich selbst zu helfen in der Not, ist er unfähig und unlustig, für das Allgemeine zu wirken. Als ihn Geßler wegen seines Ungehorsams zur Rede stellt, ist er demütig, so demütig, daß man sich seiner schämt. Er sagt, aus Unachtsamkeit habe er es unterlassen, es solle nicht mehr geschehen – und wahrlich, hier ist Tell der Mann, Wort zu halten.
Der Apfelschuß war mir immer ein Rätsel, ja mehr – ein Wunder. Er soll geschehen sein, man glaubt daran, gleichviel. Die Natur ist oft unnatürlich, die schafft Mißgestalten, und die Geschichte ist oft undramatisch; aber man muß das liegen lassen. Ein Vater kann alles wagen um das Leben seines Kindes, doch nicht dieses Leben selbst. Tell hätte nicht schießen dürfen, und wäre darüber aus der ganzen schweizerischen Freiheit nichts geworden. Man frage nur die Zeugen der Tat, man höre, was sie sagen, beobachte die Schweigenden – sie alle haben sie verdammt. Ja,die gelungene Tat ist noch ganz so häßlich, als es die gewagte war; das Entsetzen bleibt, und die Furcht, der Vater hätte sein Kind treffen können, ist größer, als die frühere war, er könnte es treffen. War Geßlers Gebot so ungeheuer, daß es einen Vater ganz aus der Natur werfen konnte und er nicht mehr bedachte, was er tat: so hätte Tell, ohne Bedacht, dem Befehle nicht gehorchen oder den Tyrannen erlegen sollen. Aber er war doch besonnen genug, wie ein Weib zu bitten und sein „lieber Herr, lieber Herr" zu sagen, wofür der bange Mann Ohrfeigen verdient hätte. Daß er dem Landvogt

tollkühn eingestand, was er mit dem zweiten Pfeile im Sinne geführt, das war auch wieder Philisterei; die ehrliche Haut kann nicht lügen. Dieses ängstliche Wesen, diese Unbeholfenheit des guten Tell entsprang aber nicht aus Scheu des Untertanen vor seinem Herrn – dieses Gefühl, wie er später gezeigt, konnte er überwinden – nein, es war die Scheu des Bürgers dem Edelmanne gegenüber. Ganz anders betrug sich der Ritter Rudenz. Das ist es aber eben, und das hätte der Dichter bedenken sollen. Man muß das Bürgervolk nur immer in Masse kämpfen lassen; man darf keinen Helden aus seiner Mitte an seine Spitze stellen. Der schönste Kampf kommt in Gefahr, dadurch lächerlich zu werden.

Es ist traurig – ja schlimmer; es ist verdrießlich, daß Tell in die Lage kommt, um der guten Sache willen schlechte Streiche machen zu müssen. Verrat kann wohl notwendig werden, aber sittlich wird er nie, auch nicht, wenn er an Feinden begangen. Und ist es nicht Verrat, ist es nicht ein schlechter Streich, wenn Tell, als der Landvogt sich auf dem See seiner Hilfe anvertraut – der Feind dem Feinde –, dem Schiffe entspringt, es in die Wellen zurückstößt und wieder dem Sturme preisgibt? (. . .)

Jetzt kommt Geßlers Mord. Ich begreife nicht, wie man diese Tat je sittlich, je schön finden konnte. Tell versteckt sich und tötet ohne Gefahr seinen Feind, der sich ohne Gefahr glaubte. Die Natur mag diese Tat rechtfertigen, so gut es ihr möglich ist, aber die Kunst vermag es nie. (. . .)

Als Tell später mit Johann von Schwaben zusammentrifft und dieser mit dem Mordgesellen Brüderschaft machen will, stößt ihn jener mit Abscheu zurück und spricht:

> Unglücklicher!
> Darfst du der Ehrsucht blut'ge Schuld vermengen
> Mit der gerechten Notwehr eines Vaters?

Doch Tell irrt. Aus Ehrsucht hat er freilich den Landvogt nicht getötet, doch mit Notwehr – sollte diese ja, gegen eine rechtliche Obrigkeit, je rechtlich stattfinden können – kann er sich nicht entschuldigen. Damals, wenn er, um den Schuß von seinem Kinde abzuwenden, den Bogen nach Geßlers Brust gerichtet hätte, wäre es Notwehr gewesen,

später war es nur Rache, wohl mit Zittern kennengelernt, zum zweiten Male abzuwarten. (. . .)
Tell aber ragt im Tun und Leiden zu monarchisch vor, gehört nicht zu dem topographischen Schicksale der Schweiz und ist übrigens der Mann nicht, eine monarchische Rolle zu spielen. Er ist zu ängstlich, bedenkt zuviel und duckt sich gern. Den Mann mit breiten Schultern füllt nicht ganz seine Seele aus. Warum ihn aber Schiller so behandelt, ist schwer zu erklären. Er hätte ihn können alles tun, alles ertragen lassen, was er getan und ertragen, und ihn dabei trotziger, hochsinniger, gebietender machen können.
,,Wilhelm Tell'' bleibt aber doch eines der besten Schauspiele, das die Deutschen haben. Es ist mit Kunstwerken wie mit Menschen: sie können bei den größten Fehlern liebenswürdig sein.'[24]

Von den außergewöhnlich vielen Stimmen zu Schillers ,,Wilhelm Tell'' seien hier lediglich noch zwei angeführt; eine Rezension von *Theodor Fontane (1819 - 1898)* zu einer Tell-Aufführung im Jahre 1870, der in der Berliner *,,Vossischen Zeitung'' am 19.8.1870* (Nr. 169) erschien, also unter dem Eindruck des Französisch-Preußischen Krieges von 1870/71 stand. Darüber hinaus folgen noch ein Dokument zu Schillers ,,Tell'' im *3. Reich* und einige Auszüge einer *,,Erklärung des Schiller-Komitees der Deutschen Demokratischen Republik''*, die anläßlich des 200. Geburtstages des Dichters abgegeben wurde.

Fontane schreibt in seiner Rezension folgendes:
,Es ist herkömmlich geworden, in großen nationalen Momenten unseren nationalen Dichter zum Volke sprechen zu lassen. Ein Glück, daß wir ihn besitzen, daß seine vor allem spruch- und gedankenreichen Schöpfungen uns, für alles was kommen mag, bereits einen geprägten, längst Allgemeingut gewordenen Ausdruck überliefert haben, der zu rechter Stunde seine ursprüngliche Frische zurückgewinnend, neuzündend in alle Herzen schlägt.

24) Börnes Werke in zwei Bänden. 1. Bd. Ausgew. u. eingel. von Helmut Bock u. Walter Dietze. Berlin u. Weimar: Aufbau Vlg. 3. 1976. S. 210–215

Einer Situation, wie der gegenwärtigen,* entspricht nichts besser als der „Tell". Er enthält kaum eine Seite, gewiß keine Szene, die nicht völlig zwanglos auf die Gegenwart, auf unser Recht und unseren Kampf gedeutet werden könnte, und wir müssen uns des guten Taktes des Publikums freuen, das nicht stichwortbegierig mit seinem Beifall im Anschlage lag, sondern ihm nur Ausdruck gab, wo Schweigen ein Fehler der Affektation gewesen wäre.

Die Rütli-Szene (2. Akt) weckte die erste laute Zustimmung:

Zum letzten Mittel, wenn kein andres mehr
Verfangen will, ist uns das Schwert gegeben,
Der Güter höchstes dürfen wir verteidigen
Gegen Gewalt; wir stehn für unser Land,
Wir stehn für unsre Weiber, unsre Kinder;

ein Beifall, der sich zum Schluß der Szene („Wir wollen sein ein einig Volk von Brüdern") noch lebhaft steigerte. Der 3. und 4. Akt ließen die patriotische Erhebung zurücktreten; die dramatische Gewalt des Stückes wird hier eben siegreich über jede andere Empfindung. Nur bei den vielzitierten Worten Tells: „Es kann der Frömmste nicht in Frieden bleiben", Worte, die wie nichts andres unsre gegenwärtige Lage charakterisieren, schlug die Tagesstimmung wieder durch. (. . .)
(. . .) wiederum hing der 5. Akt wie ein Bleigewicht an den übrigen vier. Wir gedenken keineswegs die alte Kontroverse wieder aufzunehmen; nur unserer Empfindung wollten wir Ausdruck gegeben haben. Rücksichtsnahmen, die vielleicht zu Schillers Zeiten noch unerläßlich waren, sind es heute nicht mehr. Die freiheitliche Entwicklung hat die Gemüter so weit geklärt, daß der Tell, der den Geßler erschießt, keine Geister mehr verwirrt. Daneben Johannes Parricida! Der Unterschied zwischen der erlösenden Tat des einen und der verstrickenden Tat des andern ist uns allen ins Herz geschrieben. Wenn etwas uns wieder stutzig und schwankend machen könnte, so wäre es dieser fünfte Akt. Was wir uns selber sagen, darf uns nur einer nicht sagen, und dieser eine ist Tell.

Das Publikum war animiert und dankbar. Lauter Beifall begleitete

---

* 19. 7. 1870 Kriegserklärung Frankreichs an Preußen

namentlich auch die Pièces der Zwischenakte**: den Pariser Einzugsmarsch, das deutsche Vaterlands- und das Preußenlied.'[25]
In den ersten Jahren nach der Machtübernahme Hitlers befand sich Schillers Tell durchaus unter den im *3. Reich* hochgeachteten und vielgespielten Werken. Nach Ausbruch des Krieges und unter demgemäß verstärktem und totalitärem autoritärem Herrschaftsanspruch der nationalsozialistischen Führer änderten sich die Einstellungen gegenüber diesem Drama:

Geheim

Der Reichsminister
und Chef der Reichskanzlei
RK 890 Ag
Berlin, den 12. Dezember 1941
z. Zt. Führer-Hauptquartier

An den
Herrn Reichsminister für
Wissenschaft, Erziehung und Volksbildung

Betrifft: Schauspiel „Wilhelm Tell"
Auf das Schreiben vom 8. November 1941
– E III a 495 g/41 (a) –

„Nach dem Wunsche des Führers soll das Schauspiel „Wilhelm Tell" als Lehrstoff in den Schulen nicht mehr behandelt werden. Eine sofortige Entfernung der dem Schauspiel „Wilhelm Tell" entnommenen Kernsprüche und Lieder aus den im Gebrauch befindlichen oder jetzt noch im Buchhandel vorhandenen Lese- oder Geschichtsbüchern hält der Führer aus technischen Gründen für nicht möglich, auch nicht für notwendig. Bei Neuauflagen von Schulbüchern oder bei der

25) Schiller – Zeitgenosse alle Epochen. Dokumente zur Wirkungsgeschichte Schillers in Deutschland. Teil II: 1860 – 1966. Hrsg. von Norbert Oellers. München: Beck 1976: S. 56–57

** Pariser Einzugsmarsch: Komponiert von Walch. Einzug der verbündeten Truppen am 30. 3. 1814. Deutsches Vaterlandslied: Die Wacht am Rhein, von Schneckenburger. Preußenlied: Ich bin ein Preuße, kennt ihr meine Farben? von Thiersch.

Herausgabe neuer Schulbücher sollen aber derartige Kernsprüche und Lieder aus „Wilhelm Tell" nicht mehr aufgenommen werden. Abschrift dieses Schreibens habe ich dem Chef der Kanzlei des Führers der NSDAP übersandt.

Dr. Lammers."[26)]

Die Direktiven des *Politbüros der SED* wurden bereits zum 150. Todestag Schillers, am *9. 5. 1955,* deklariert, gefaßt wurden die Beschlüsse am 25.1.1955. Im Jahre *1959* erinnerte man sich dieser Beschlüsse. Wir reproduzieren hier einige Passagen:
„Ob Schiller die nationale Tat des Hirtenmädchens Jeanne d'Arc in der „Jungfrau von Orleans" oder den nationalen Befreiungskampf der Schweiz in „Wilhelm Tell" gestaltete, stets sind mittelbar und unmittelbar die einfachen Menschen und die Volksmassen als die geschichtsbildenden Kräfte dargestellt. Schiller hatte erkannt, daß die Volksmassen eine wichtige Rolle in der Geschichte spielen und daß die Persönlichkeit in Übereinstimmung mit ihnen handeln muß. Schiller stellt die Volksmassen differenziert in ihrer sozialen Schichtung dar; dadurch gestaltet er die untrennbare Einheit von nationalem Befreiungskampf und dem Ringen um die Verwirklichung sozialer Forderungen. „Wilhelm Tell" ist ein Drama, das die Wünsche und Forderungen der besten Patrioten der Befreiungskriege vorwegnimmt. Kein anderes literarisches Werk seiner Zeit übte eine solch direkte Wirkung auf die deutschen patriotischen Kräfte aus, die von 1813 bis 1848 gegen die nationale und soziale Bedrückung ihres Vaterlandes auftraten."
„Schiller war einer der größten Meister der deutschen Sprache", heißt es im Beschluß von 1955. „Seine Literatursprache stellte einen wesentlichen Beitrag zur Weiterentwicklung der deutschen Nationalsprache dar. Gerade weil er mit dem freiheitlichen und nationalen Streben seines Volkes tief verbunden war, konnte er höchste künstlerische Meisterschaft mit stärkster Volkstümlichkeit in seinen Werken

---

26) Theater und Film im Dritten Reich. Eine Dokumentation. Hrsg. von Joseph Wulf. Gütersloh: Mohn 1964. S. 188

vereinen. Das Pathos in den Dichtungen Schillers war Ausdruck des revolutionären Zorns der reinen Gefühle und der schönen Hoffnungen des Volkes. Die Leidenschaft seines nationalen und demokratischen Pathos machte ihn als Dichter zu einem echten Volkstribun." (. . .)

„Schillers Nationalbewußtsein wie sein Weltbürgertum sind ebenso entfernt vom Nationalismus wie vom gegenwärtigen Kosmopolitismus imperialistischer Prägung. Aus der nationalbewußten und zugleich weltbürgerlichen Haltung des damals fortschrittlichen Bürgertums resultierte auch Schillers Auffassung von der nationalen und internationalen Funktion der Kunst und Kultur. Er war sich bewußt, daß Nation und Nationalbewußtsein unabdingbare Voraussetzungen sind für alles künstlerische und kulturelle Schaffen und daß erst auf dieser Grundlage der Beitrag zur Weltkultur geleistet werden kann. Indem der Dichter den Kampf gegen den Feudalabsolutismus in Deutschland literarisch führte, behandelt er das Zentralproblem der Epoche, erhob er sich als Anwalt der Nation zu einem Anwalt aller um ihre nationale und soziale Freiheit kämpfenden Nationen, wurde er zu einem Repräsentanten der Weltkultur.'
In dem Beschluß der Sozialistischen Einheitspartei Deutschlands von 1955 heißt es: „Schiller erhob sich auf die Höhe seines Schaffens als Dichter in der gemeinsamen, sich gegenseitig befruchtenden Arbeit mit Goethe, die zugleich den Gipfelpunkt der deutschen Klassik bildete. Aus den gemeinsamen künstlerischen und theoretischen Bemühungen von Goethe und Schiller entstanden klassische Meisterwerke der deutschen Literatur. Von Goethe, der weiter zu materialistischen Anschauungen vorgeschritten war, empfing Schiller dabei die Stärkung seiner Entwicklung zum Realismus. In dieser Zusammenarbeit schufen beide Dichter wichtige Grundlagen für eine Theorie der realistischen Kunst, indem sie sich bemühten, die Gesetzmäßigkeit der Entwicklung der Kunst und des künstlerischen Schaffens aus der Wirklichkeit abzuleiten.'[27]

---

27) Oellers. II. S. 408–409

4. Die wissenschaftliche Auseinandersetzung mit dem „Tell" (Dilthey - Sengle - v. Wiese)

Die wissenschaftliche Debatte um Schillers „Wilhelm Tell" ist naturgemäß so umfangreich, daß wir hier als Beispiele lediglich drei bedeutende Beiträge anführen möchten. Wir wählen *Wilhelm Diltheys (1833-1911)* Bemerkungen zum Tell, die Hermann Nohl unter dem Titel „Schiller" in der „Kleinen Vandenhoeck-Reihe 79 mit einem Vorwort versehen hat. Der Schiller-Beitrag Diltheys ist dem Band: W.D.: Von deutscher Dichtung und Musik. 2. Aufl. Stuttgart und Göttingen entnommen. Der zweite Ausschnitt stammt aus dem Buch von *Friedrich Sengle*: „Das Deutschen Geschichtsdrama." Geschichte eines literarischen Mythos. Stuttgart: Metzler 1952.

Der dritte Beitrag stammt von dem verdienstvollen Schillerforscher *Benno von Wiese (*1903),* dessen lebenslanges Bemühen um die Gestalt und das Werk Schillers wir hier nicht zu übersehen gedachten. Benno von Wiese: Friedrich Schiller. Stuttgart: Metzler 1959. Beiden Beiträgen stellen wir jedoch einen Ausschnitt der Schillerrede des Schweizer Dramatikers *Friedrich Dürrenmatt (*1921)* im Schillerjahr 1959 am 9.11.1959 anläßlich der Verleihung des Schillerpreises der Stadt Mannheim voran, obgleich sich die Rede nicht speziell mit dem „Wilhelm Tell" befaßt. Dürrenmatts Ausführungen scheinen uns jedoch symptomatisch für das Schillerverständnis unserer Zeit, vor allem auch für die jüngeren Generationen:

So ist der Zugang zu Schillers Denken schwer. Zwar liegt es überall offen da, besonders in seinen Briefen. Er kommentiert sich unaufhörlich. Wir erhalten Einblick in seine Schriftstellerei, in diesen damals so jämmerlich unrentablen Beruf. Zuerst bewundern wir den Organisator. Das ist Schillers unheimlichste Seite. Zeitschriften werden gegründet, Honorarfragen geregelt, Mitarbeiter gewonnen, die Kritik wird organisiert, oft eigentlich nicht unbedenklich, es riecht nach literarischer Klüngelwirtschaft, das Publikum selbst wird als ein

* Kindlers Literatur-Lexikon (dtv) Band 23. München: dtv 1974, Seite 10228-10230

Faktor eingesetzt, der betrogen sein will, mit dem man sich im Kriegszustande befindet, mit dem viel zu rechnen, aber wenig zu verdienen ist. Daneben aber, wichtiger, liegt das Getriebe seiner Werkstatt bloß. Wir sehen Maschinerien anlaufen. Pläne werden ausgeführt, angefangen, konzipiert, Stoffe untersucht, was spricht dagegen, was dafür, braucht dieses Unternehmen viel Arbeit, kostet jenes wenig Mühe, was müßte noch studiert, was untersucht werden, wo liegt die dramaturgische Schwierigkeit, wie ist vorzugehen, wo müßte die Handlung stocken, verzögert, beschleunigt werden. Alles ist erklärbar, ohne Werkgeheimnis, auf Wirkungen bedacht, für die Bühne entworfen. Die Dramaturgie wird betrieben wie sie Lessing betrieb, als eine Kunst des Stückeschreibens, als eine Reflexion darüber, was das Theater kann und will, als etwas Erlernbares, als eine Wissenschaft eigentlich. Schiller beherrscht die dramaturgischen Regeln, indem er sie herrschen läßt. Seine Dramatik beruht auf einer durchaus sicheren, handfesten Dramaturgie, nicht ohne Grund ist gerade er, der Dramatiker, der Schulmeister geworden. Diese Dramaturgie zielt auf das Rhetorische. Der Mensch wird in Szene gesetzt, um rhetorisch ausbrechen zu können. Operndramaturgie. Doch hat dieses Vorgehen seine bestimmten Auswirkungen auf die Bühnenwelt, die dargestellt wird. Das Rhetorische akzeptieren wir nur dann ungezwungen, wenn es sich aus den Funktionen der dramatischen Personen ergibt, welche die Handlung tragen. Etwa bei einer Gerichtsverhandlung. Die Personen sind gegeben, ihre Rollen verteilt: Der Richter, der Staatsanwalt, der Angeklagte, der Verteidiger. Jeder besitzt seine bestimmte Funktion innerhalb der Handlung. Rede und Widerrede, Anklage und Verteidigung und Urteilsspruch ergeben sich natürlich und in rhetorischer Form, wollen etwas Bestimmtes, enthüllen etwas Bestimmtes. Wie in diesem Grundmodell aber sind auch die Personen der rhetorischen Dramen gesetzt, ihre Funktionen durch die soziale Schichtung ihrer Welt sanktioniert: Der König, der Soldat, der Bürger usw.

Das rhetorische Drama setzt eine geschlossene und sozial gestufte Welt voraus, eine Hierarchie, die auf der Bühne vorausgesetzt wird, aber auch dargestellt werden kann, zu einem Spielraum verdichtet, in welchem die einzelnen Spielzüge auf ihre Richtigkeit hin überprüfbar sind. Diese Voraussetzung der alten Dramatik ist auch Schillers Voraussetzung. Die Konzeption seiner Dramen ist bis auf ihre letzten Möglichkeiten hin durchdacht, oft zu genau, denn eine vollkommene Konzeption macht eigentlich die Ausführung überflüssig, die dann, wird sie unternommen, doch zu Fehlern führen kann, zu merkwürdigen poetischen Fehlleistungen. Sie geschehen der Konzeption zuliebe und unterlaufen demjenigen weniger, der nur vage konzipiert, der vom Poetischen und von der Erfahrung, von der Bühne ausgeht, dem notgedrungen dramaturgisch dann vieles schief gerät, wie etwa einem Shakespeare.

Doch auch Schiller, der von der Konzeption her kommt, weiß aufs genaueste Bescheid über alle Regeln, Kniffe, Möglichkeiten, man staunt da nur, wie versteht er nur zu exponieren, einzuteilen, zu steigern, zu retardieren, die Abgänge und Auftritte zu gestalten, Schlußpointen zu setzen, „dem Mann kann geholfen werden, Kardinal, ich habe das Meinige getan, tun Sie das Ihre, dem Fürsten Piccolomini, der Lord läßt sich entschuldigen, er ist zu Schiff nach Frankreich, und frei erklär ich alle meine Knechte'", was sind das nur für letzte Verdichtungen, wie setzt er aber auch Effekte ein, oft unbedenklich, Hollywood könnte es nicht besser und dicker. Zugegeben.[28)]

Dilthey:

„Wilhelm Tell. Besser als irgendein Stück zeigt „Wilhelm Tell" die neue Form des Schillerschen Dramas in ihrer Stärke wie nach ihren Grenzen.

Goethe hatte den Stoff des Tell als eminent episch ins Auge gefaßt. Ein einfacher tüchtiger Mann in idyllisch ehrenfesten Vehältnissen wird fortgeführt zum Mord eines Gewalthabers, die Vorgänge selbst sind durch die Sage schon zu Bildern von der größten sinnlichen Kraft fortgebildet, die Szenerie des Schweizer Sees und der idyllischen Lebensverhältnisse seiner Bewohner gibt dem Vorgang einen

28) Oellers. II. S. 432–433

Hintergrund von höchstem landschaftlichen und menschlichen Reiz. Es lag in dem Stoff ein politisch aufregendes Moment, das eigentlich den damaligen Interessen Goethes fremd war. Dagegen mußte Schiller von dem eminent Theatralischen und politisch Wirksamen in demselben gepackt werden. Seine Grundidee von dem Fortgang unseres Geschlechtes zur moralischen und politischen Freiheit konnte hier an einem der höchst dramatischen Vorgänge politischer Befreiung dargestellt werden. Und vor den Revolutionen des Altertums, der Niederlande, Englands hatte dieser Stoff den Vorzug eines engeren Kreises, in welchem er sich abspielt, eines schon dichterisch ausgestalteten Verlaufs in überschaubar zusammenhängenden packenden Szenen. Vor allem aber: wir sind im Zeitalter der Französichen Revolution. Die Demoralisaton Frankreichs und der Einfluß der großstädtischen Bevölkerung von Paris bedingten den furchtbaren tragischen Verlauf derselben. Schillers Herz, wie das Kants, wurde zerrissen durch die Doppelseitigkeit dieses befreienden und zugleich furchtbaren Vorganges. So mußte der reine Verlauf der Empörung der Kantone gegen die österreichische Gewaltherrschaft unserem großen Freiheitsdichter das Exempel einer ungetrübten heilsamen Revolution sein. Und das war nun der Gesichtspunkt, unter welchen für ihn die Tellsage trat. Sie war ein Vorgang, in welchem eine Nation von freien und reinen Sitten sich auf rechtlich und sittlich unverwerfliche Weise befreite. So wurde der Tell nach dem Don Carlos ein zweites Freiheitsstück Schillers.

Die innere Form dieses Dramas ist sonach stärker als die irgendeines anderen seiner Dramen dadurch bedingt, daß eine historisch-politisch-moralische Idee, die auch einer abstrakten Darstellung fähig wäre, eine Kette von geschichtlich sagenhaften Ereignissen in eine notwendige und allgemeine innere Verbindung setzt. Zwischen dieser Idee und den Tatsachen stehen untergeordnete historische Leitgedanken: die Bedeutung einer selbstherrlichen, handlungsmächtigen Natur in dem unbehilflichen Zusammenwirken der Massen innerhalb einer jeden Revolution, die Bedeutung, welche gerade die einfachen idyllischen Verhältnisse der drei Kantone für den lauteren

Verlauf dieser Revolution hatten, vor allem aber der Gegensatz zwischen dem Machtwillen großer Staaten und den Rechtsgrundlagen der Freiheit, auf welche sie stoßen. Der Nexus dieser historischen Gedanken, welcher die einzelnen Teile des Stoffes untereinander und mit der Hauptidee verbindet, organisiert die historischen Tatsachen zu einem geistig durchleuchteten und beseelten Zusammenhang, in welchem in konkreter Weise eine Idee erscheint und zugleich eine Kette geschichtlicher Vorgänge und Charaktere in einen historisch-ideellen Zusammenhang gebracht wird.

Die Größe dieser inneren Form liegt in der Organisierung der Geschichte. Die in ihr tatsächlich wirksamen ideellen Kräfte kommen zum Ausdruck; die Natur des Schicksals, welches die Geschicke der Nationen lenkt, wird aus dem Verhältnis der wirkenden Kräfte zum letzten Zweck, der Realisierung der Freiheit in der Geschichte, abgeleitet. Und diese innere Form des neuen historischen Dramas erhielt hier eine höchste Steigerung. Ein Volk handelt und ist der eigentliche Held eines Dramas, die Idee des Fortschreitens der Weltgeschichte zur Freiheit empfängt ihren direkten Ausdruck dadurch, daß dies Volk als siegreicher Held zur Freiheit fortschreitet und der Gegenspieler des Helden, welcher das Volk selbst ist, die Tyrannei, unterliegt. Darin ist das Stück dem Faust verwandt in dem letzten großen Sinne seines Abschlusses, wie er unter Kants und Schillers Einfluß seine Gestalt erhielt. Die stärkste Wirkung auf das Gefühl der Zuschauer in jenen Tagen mußte hiervon ausgehen.

Aus dem Stoff ergeben sich eigenste Vorzüge für die Gestaltung des Dramas, zugleich außerordentliche Schwierigkeiten, die zu ihrer Überwindung ganz besondere und neue Mittel forderten und meisterhaft bewältigt wurden, und zugleich eine Verlockung zu dem volksmäßig Packenden, Effektvollen und äußerlich Theatralischen, die Schillers innerer Entwicklung zu immer stärkeren theatralischen Effekten entgegenkam. Jeder Künstler wird zu immer stärkerer Anspannung seiner Eindrucksmittel vorwärtsgetrieben, für Schiller lagen diese in den äußeren Repräsentationen der in den historischen Szenen enthaltenen Eindrucksmomente, in der ihm eigenen

Verbindung des Allgemein-Menschlichen mit dem historischen Faktum in dem Herausarbeiten der lyrischen, besonders der rührenden Momente, in der Darstellung der Ideen in Sentenzen. So stark hat er diese Wirkungen hervorgetrieben, daß der Tell den Charakter eines Volksstückes annimmt.

Tell ist außer dem Wallenstein das wirksamste der späteren Stücke Schillers gewesen. Denn seine historische Art, zu sehen, seine politische Grundrichtung und seine theatralische Kunst wirken in diesen Stoffen ganz. Man kann geradezu sagen, daß seine neue Art, Geschichte als einen Kampf der Ideen, die sich in Staaten und Menschen verkörpern, aufzufassen, wie sie dann in Ranke zur Geltung gelangte, zusammen mit dem tiefen Einblick in den Zusammenhang der Lebensbedingungen mit den Menschen, wie auf Grund der Franzosen Müllers Schweizer Geschichte sie behandelt hatte, hier zu einem so klaren Ausdruck gelangt, daß dies Werk noch heute als Darstellung dieser Ideen das Publikum mit sich fortreißt. Das Werk ist eine große Tatsache in der Erziehung der Deutschen zum politischen und historischen Denken. Die Idee der einheitlichen, um sich greifenden, von dem Bewußtsein der Macht getragenen Monarchie, wie sie in dem damaligen Österreich lebendig war, trifft auf die politische Selbständigkeit eines Bauernvolkes und bricht sich an ihr. Es ist ein Vorgang, wie er sich öfters wiederholt hat. So im Kampf der Friesen. Der Zeit lag der Gegenstand nahe. Ähnliche Kämpfe mit der napoleonischen Universalmonarchie. Bald sollte Tirol ... Und rückwärts war im Kampf der ländlichen Aristokratie von Lakedämon gegen die Perser ein ähnlicher Vorgang.

Schiller hat die Idee, die den österreichischen Staat und seinen Statthalter bestimmte, zu voller Geltung gebracht. Geßler ist keineswegs ein Theatertyrann. Er weiß genau, daß die Inkorporierung der Schweiz in Österreich, die man in Wien will, nur durch ein militärisch hartes Regiment durchgeführt werden kann. Jede einzelne Nachgiebigkeit lockert die festen Stricke, welche die freie Bewegung der widerstrebenden Bevölkerung allein hindern können. Die Furcht ist die einzige psychologische Kraft, von der Erfolg zu erwarten ist. Die politische Kombination muß benutzt werden. Die Einsprachen des Harras

und Rudenz erkennen wohl, daß solche Maßregeln einen Haß erwecken, der sehr wahrscheinlich zum Aufstand führt. Sie verkennen aber, daß im Grunde doch nur dieser Weg gangbar ist. Daß eine Gewaltnatur solcher Art es Tell nicht verzeiht, daß er sie schwach gesehen, daß sie den entfernen will, der schon einmal ihre Wege gekreuzt hat durch die Befreiung eines gegen seine Leute Frevelnden, ist natürlich. Für die Blendung sind unter den Renaissancetyrannen, die unter denselben Bedingungen auf Furcht Macht begründet haben, Analogien. Daß das Theater stark akzentuiert, ist unvermeidlich. Schließlich handelt es sich darum, die Idee des auf Macht und Furcht gegründeten Staatswesens durch Repräsentanten zum Ausdruck zu bringen, ohne Einmischung von Zügen, welche solche Verkörperung der Idee undurchsichtig machen.
Mit einer Kunst, die nur an Wallenstein ihresgleichen hatte, hat Schiller die Lebensbedingungen entwickelt, in denen der Aufstand der Schweiz, das Recht und sein Sieg gegründet waren. Es sind zunächst Ideen des 18. Jahrhunderts: das Recht der Natur, gegenüber dem Bruch der Vertragsverhältnisse sich gegen die Obrigkeit zu erheben und, wenn kein anderes Mittel da ist, auch zum Tyrannenmord zu greifen: Ideen, welche bei der deutschen Bewegung gegen Napoleon ebenfalls, zum Beispiel bei der Erfurter Zusammenkunft, zur Geltung gelangt sind, und zwar sicher nicht ohne Nachwirkung des Tell. Mit großer Kunst hat Schiller die staatsrechtlichen Verhältnisse in der Rütliszene und im Gespräch Tells mit dem Knaben entwickelt, auf denen der Rechtsanspruch der Schweizer beruht. In jedem einzelnen Fall ist es das Recht der Notwehr, einer überragenden Gewalt gegenüber sich mit allen Mitteln, auch denen der List, des Überfalls, des Mordes, in den vertragsmäßig feststehenden Rechtsverhältnissen zu behaupten.
Nun aber greift Schiller viel tiefer als die naturrechtliche Theorie getan hat. Dieser Konflikt ist zugleich der eines politisch raffinierten, konzentrierten, auf eine monarchisch-aristokratische Ordnung begründeten Machtwillens gegen ein Bauernvolk, welches zusammengehalten und geregelt wird durch Sitten, Herkommen, Familiengefühl, Anhänglichkeit an Besitz und Land und ein Bewußtsein persönlicher Freiheit

im eigenen Haus und auf dem eigenen Besitz, wie es sich in diesem Herkommen entwickelt hatte. Rechtsbewußtsein, das auf diese Momente gegründet ist, in seiner eigentümlichen Dignität bildet für Schiller die berechtigte Grundlage des Aufstandes und des Tyrannenmordes. Er ist ganz erfüllt von dem unbedingten Rechtsanspruch dieses Bewußtseins, sich mit allen Mitteln durchzusetzen. Daher gilt es, diesen Zustand zur Darstellung zu bringen. Und nun mischt sich ein neues Moment ein. Nicht nur ein verbrieftes Recht oder Gewohnheitsrecht begründen den Rechtsanspruch der Schweizer: die Schönheit eines Volkes, das in Einheit mit der Natur lebt, wie das Haller dargestellt hatte, dieses große Exempel zu Rousseaus Theorie: dies ist für den Geschichtsphilosophen Schiller ein ebenso gewichtiges Moment, das höhere Recht des Schweizer Volkes zur Geltung zu bringen. Und auch das ist ein Zug voll von Weisheit. Die Geschichte geht mit ihren eisernen Notwendigkeiten zertretend über ungeschriebenes und geschriebenes Recht hinweg. Der Historiker mag dann diese Notwendigkeit anerkennen, aber er verwirft den historischen Wert dessen, was geschieht. Wie es der historische Wert griechischen Daseins ist, was in letzter Instanz unser Urteil über den Konflikt der Perserkriege bestimmt, so ist es der menschlich-gesellschaftlich-geschichtliche Wert dieser auf die natürlichen Momente der reinen Familie, des Freiheitsbewußtseins eines in der Sphäre des Berufs und Besitzes gegründeten Daseins, was Schiller ganz zur Geltung bringen muß, um die Schönheit des Vorgangs, der sich abspielt, sichtbar zu machen und unsere Stimmung vorzubereiten dem Meuchelmord Tells gegenüber. Wie glücklich wirken hier die homerischen Töne der Schilderung, die epische Breite der Entfaltung, die Repräsentation dieses Zustandes in einer großen Mannigfaltigkeit von Personen! Und wieder muß gesagt werden, daß eben die Repräsentation dieser leitenden Ideen fordert, die Personen in einer idealen Sphäre zu halten und niemals das Interesse am persönlichen Detail überwiegen zu lassen. Die letzte Idee dieses ungebrochenen, naiv-heroischen Bewußtseins eröffnet sich in der Rütliszene, im Gespräch Tells mit seinem Knaben, des Attinghaus mit seinem Neffen, ohne Idealisierung der Geschichte, d. h. ohne Absehen von herben Zügen, der Geldgier, der Beschränkt-

heit, der Verachtung großer Staaten, die ja tatsächlich diesem beschränkten Standpunkt anhaften.
Daß die Einmischung eines Konfliktes auf ganz anderer Grundlage durch die Einführung des Johann ein Fehler ist, ist unbestreitbar. Der Zuhörer ist in seinem Gefühl mitgegangen. Er wird jetzt genötigt, zu reflektieren und das Recht dieses Gefühls zu prüfen. Er empfindet die moralische Härte Tells einem anderen Fall tatsächlicher Notwehr gegenüber, in welchem es sich um die Aufrechterhaltung klarer Rechte handelt, als übertrieben. So in den Schlußszenen kann ein Problem solchen Gewichtes nicht in abstraktem Denken erledigt werden. Der Zuschauer wird nicht aufgeklärt, sondern verwirrt.
Heben wir die Grenzen hervor, die in dieser ganzen Aufgabe liegen, wie Schiller sie sich stellt. Jede Art, historisch zu sehen und entsprechend dramatisch darzustellen, setzt Werke von eigener Stärke in die Welt, gibt ihnen zugleich aber Grenzen. Es gibt kein absolutes Drama. Jede Art, dramatisch zu sehen und darzustellen, muß aus der Unendlichkeit des wirklichen Lebens durch einen Vorgang von Auslese und Synthese den dramatischen Zusammenhang herausheben. Wenn Shakespeare in seinem historischen Sehen und dramatischen Darstellen beschränkt ist, so auch Schiller in anderer Art. Jener bringt lebensmächtige Personen hervor, die in ihrer Wirkungssphäre aneinander stoßen und im Detail oft sich widersprechende Motive zeigen. Die Verkörperung historischer Ideen, ihres Kampfes in der Geschichte, schließlich der Wille, die Idee der Freiheit zum Ausdruck bringen, mußte Schiller die ihm eignen Grenzen vorschreiben.
Fassen wir schließlich diese Idee der Freiheit ins Auge. Es ist gänzlich falsch, einseitig das Konservative, die bloße Erhaltung der politischen Selbständigkeit einem anderen Staat gegenüber zu betonen. Es handelt sich schließlich um Freiheit im modernen Sinne, um die Unabhängigkeit der einzelnen Person in ihrer Rechtssphäre, um Grundrechte des Menschen, ja darum, daß der Inbegriff der Bürger an der Regelung seiner Angelegenheiten Anteil haben muß. Es ist weder die innere Freiheit der moralischen Person noch ist es die Unabhängigkeit eines politischen Verbandes anderen Verbänden gegenüber, es ist politische Freiheit im strengen Verstande, was Schiller zur Geltung

bringt: Urrechte der Rütliszene, Rechte des Landmanns gegenüber dem Adel bei Attinghaus, ja als eine eigene Kraft durchzieht diese Gesinnung das ganze Stück, und hierin liegt der wahrhaft seherische Charakter desselben, der es vorläufig auf lange Zeit aktuell und politisch wirksam macht." (S. 75-80)

Sengle:

„Anders als „Wilhelm Tell". Hier schwingt Schillers Drama zu dem realistischen Typ des Geschichtsdramas zurück, und zwar ebensosehr zu „Götz" und „Egmont" wie zu „Wallenstein", denn das nationale Motiv drängt sich hier vor. Auch in der zeitgeschichtlichen Welt ist aus dem rein politischen Thema Napoleon für Deutschland allmählich ein nationales Anliegen geworden. Man sagt nicht ganz zu Unrecht: es geht hier um die Freiheit als ein allgemein menschliches Ideal; wie Schiller zuvor einen französischen, so wählt er jetzt einen Schweizer Stoff. Warum aber gräbt er sich hier viel tiefer in den Geist seines Gegenstandes hinein, warum stellt er sich die Forderung, daß „hier ein ganzes lokalbedingtes Volk, ein ganzes und entferntes Zeitalter, und was die Hauptsache ist, ein ganz örtliches, ja beinahe individuelles Phänomen mit dem Charakter der höchsten Notwendigkeit und Wahrheit soll zur Anschauung gebracht werden? 2) Uns scheint es nicht ausgeschlossen, daß hier wie in Goethes „Götz" ein süddeutsches Heimat- oder doch Nachbarschaftsgefühl mitschwingt, und daß er daher diesem Stoff in seiner räumlichen und zeitlichen Bedingtheit mehr Aufmerksamkeit geschenkt hat. Zwar wählte er hier zu seinem Titelhelden nicht nur eine von Legenden umwobene geschichtliche, sondern sogar eine rein sagenhafte Gestalt. Aber der Held Tell entwertet den geschichtlichen Vorgang nicht, er steht zwar neben, doch nicht über dem allgemeinen Geschehen der Schweizer Befreiung.
Wieder handelt es sich nicht bloß um einen historischen Kampf, sondern um einen Streit zwischen Macht und Recht. Aber indem diesmal das „Recht" zugleich als die spontane Reaktion eines bäuerlichen, „unschuldigen" Menschen wirksam und der „Mörder" von aller Schuld losgesprochen ist, wird die zunächts rein physische

Gewalttat zu einem Akt der Sittlichkeit. Die Schweizer Befreiung ist Notwehr, Wiederherstellung der alten rechtlichen Ordnung. Es geht wie in „Götz" und „Egmont" nicht um eine neue Freiheit, sondern um die Erhaltung der alten Reichs-Freiheit. Schiller führt hier die Linie Goethes, von dem er ja auch den Stoff erhielt, fort und vermeidet jede Zuspitzung zur Geschichtstragödie. Tell darf kein bedenkenloser Politiker und Volksführer sein, weil ein solcher unbekümmerter Gebrauch der politischen Macht sittlich ebenso bedenklich wäre wie Wallensteins Abfall. Würde Tell wie Kleists Hermann verfahren, so müßte das Stück in Schillers Weltbild zu einer Tragödie werden, denn die Wahrheit darf bei Schiller nie verdunkelt werden, daß auch im politischen Kampf ein höheres, allgemein menschliches Sittengesetz entscheidet. (S. 46)

Von Wiese:

„Wilhelm Tell" nimmt in Schillers Entwicklung insofern eine besondere Stelle ein, als es das einzige Drama ohne tragischen Ausgang ist. Auch die Apotheose der Jungfrau war an die Bedingung ihres Todes geknüpft. In der szenischen und sprachlichen Gestaltung entfernt sich „Wilhelm Tell" von jener mit der „Braut von Messina" vollzogenen Annäherung an die „griechische Manier" und folgt mehr dem bereits durch Tschudi vorgebildeten chronikalischen Stil und dem geschichtlichen Theater Shakespeares. Aber im Gegensatz zur Quelle sondert Schiller ausdrücklich Tell vom Rütli-Bunde ab und baut auf diese Weise die Handlung in jener schon oft beobachteten Parallele von Volksaufstand und privatem Einzelschicksal des Helden auf. Dabei rückt wie bei Tschudi der Rütli-Schwur vor die altgermanische Sage vom Tellschuß, obgleich damit die Gefahr gegeben war, daß die bis dahin so mächtig ansteigende Handlung der Eidgenossen durch die Verselbständigung der Tell-Handlung in den Hintergrund gedrängt wurde.

Betrachten wir zunächst die Schweizer Eidgenossen, innerhalb derer die kunstvoll gruppierten und jeweils herausgehobenen individuellen Gestalten und ihre Widerfahrnisse nur eine instrumentierende, auf das allgemeine Schicksal des Volkes abgestimmte Bedeutung haben.

Am Eingang steht Konrad Baumgarten, der seine Hausehre durch einen Mord retten mußte, ein pausenlos Gejagter, der in einer explosiven dramatischen Situation aus der doppelten Bedrängnis durch seine Verfolger und durch die stürmische See von Tell gerettet wird. Bereits hier wird das Geschehen unter zwei Aspekte gestellt, die auch später immer wiederkehren: mutvolles Handeln der Menschen und Hilfe Gottes, die erst dort eintreten kann und eintreten darf, wo der Mensch von sich aus das Äußerste gewagt hat.

Wohl aus des Vogts Gewalt errett' ich Euch
Aus Sturmes Nöten muß ein andrer helfen.
Doch besser ist's, Ihr fallt in Gottes Hand
Als in der Menschen! (v. 155 ff.)

Im gleichen Sinne spricht Gertrud zu Stauffacher: „Dem Mutigen hilft Gott!" (v. 313) oder Walter Fürst: „So muß Gott uns helfen durch unsern Arm" (v. 704 f.) oder Reding: „Gott hilft nur dann, wenn Menschen nicht mehr helfen" (v. 1322). Die in diesem Drama immer wieder angerufene Instanz der Gottheit entbindet den durch „Gewalt" im politischen Sinne bedrohten Menschen nicht davon, in frei gewählter Verantwortung oder Selbsthilfe seinen eigenen Weg zur Rettung zu suchen, wenn auch nur im „Vertrauen" zu dieser Gottheit die Furcht vor der Macht der Elemente und der noch weit schlimmeren der Menschen überwunden werden kann.
Neben Baumgarten stehen der begüterte Landmann Werner Stauffacher und seine Frau Gertrud, die einem drohenden Verderben zuvorkommen wollen, Arnold von Melchtal, dessen Vater für die geringen Verfehlungen des Sohnes geblendet wurde, dann der adlige Kreis um den greisen Bannerherrn, Werner Freiherrn von Attinghausen, mit dem ungetreuen, aber durch die Liebe der Berta von Bruneck wieder mit seinem Volke versöhnten Rudenz, um nur die profiliertesten aus dem reichen Personenkreis, der über alle drei Kantone hinwegreicht, hier noch einmal zu nennen. Sie alle sind Repräsentanten eines in seinem Kern bäuerlichen, naiv unschuldigen, naturverbundenen Hirten- und Jägervolkes, das als Volk hier zum ersten Male bei Schiller mehr ist als eine bloße Neben- oder Unter-

stimme im dramatischen Vorgang. Wie sehr dabei Shakespeares ,,Julius Cäsar'' auf ihn eingewirkt hat, wissen wir aus dem Brief an Goethe vom 2. Oktober 1803: ,,Es ist keine Frage, daß der Julius Cäsar alle Eigenschaften hat, um ein ordentlicher Pfeiler des Theaters zu werden: Interesse der Handlung, Abwechßlung und Reichthum, Gewalt der Leidenschaft und sinnliches Leben vis a vis des Publikums . . . Für meinen Tell ist mir das Stück von unschäzbarem Wert, mein Schifflein wird auch dadurch gehoben."* „Sinnliches Leben vis a vis des Publicums'', das wollte Schiller auch in ,,Wilhelm Tell'' gestalten. Dazu bedurfte er der einfachen verständlichen Sprache, der theatralischen Bewegtheit und, trotz aller klassischen Stilisierung, des Strebens nach Popularität. Von einer philosophischen Problematik aus soll Schillers Schweizer Volk nicht gesehen werden. Der angeborene Sinn für Unabhängigkeit hängt aufs engste mit der großen und freien Natur zusammen, in der es zu Hause ist. Im Gegensatz zur ,,Braut von Messina'' sind Menschenwelt und Natur hier nicht geschieden, sondern die immer wieder auf der Bühne mitspielende Natur ist ebenso ein Gleichnis für die Idee der Freiheit wie die geschichtlich gewachsene Welt der Eidgenossen, die, wenn auch unter kaiserlicher Schirmherrschaft, sich nach ,,alten Bräuchen'' und der ,,alten Sitte'' selbständig regieren wollen. Eines deutet auf das andere hin und macht es auf diese Weise zum gleichnishaften Spiegel.

Aber das Volk ist in seiner altüberlieferten Freiheit durch landfremde, vom Kaiser eingesetzte tyrannische Vögte, die Zwingburgen der Unterdrückung bauen, bedroht und muß für seine durch die Natur selbst gegründeten und zugleich geschichtlich gewachsenen Menschenrechte einstehen. Was Schiller bisher nur für den Einzelmenschen proklamiert hatte, wird nunmehr auf das Volk als Ganzes übertragen. Wer einem freien, maßvollen und gerechten Volke Gewalt antut, macht ihm damit seine Menschheit streitig. Solche Gewalt unwürdig erleiden, hieße auf eben diese Menschheit verzichten. Als Volksschauspiel, als das hohe Lied von der Grenze der

*) Hier und an weiteren, durch *) gekennzeichneten Stellen sind die Verweisziffern aus B. v. Wieses Text gelöscht worden.

Tyrannenmacht, hat dieses Drama durchaus den Charakter eines in der Rütli-Szene gipfelnden Festspiels. Ehe dort die Dialoge beginnen, bringt der Dichter den völlig leeren Bühnenraum, damit die Aufmerksamkeit des Zuschauers durch das großartige Naturbild der hohen Berge und der noch höheren weißen Gletscher, die im Mondenlicht leuchten, festgehalten wird. Am Ende verweist die szenische Bemerkung nochmals auf den Raum, in dem sich alles abspielt und gibt ihm durch den „prachtvollen Schwung" eines nunmehr einsetzenden Orchesters sogar noch erhöhte Feierlichkeit: „Die leere Szene bleibt noch eine Zeitlang offen und zeigt das Schauspiel der aufgehenden Sonne über den Eisgebirgen". Das ist nicht nur stimmungshafte Untermalung des Schweizer Freiheitskampfes, sondern deutet auch auf die urtümlichen, naturhaften und so gar nicht künstlichen Ordnungen des politischen Lebens hin, für die die Schweizer bereit sind, ihr Leben einzusetzen. Schon die lyrischen Strophen am Eingang des Dramas gelten dem hymnischen Preisen einer ebenso paradiesischen wie heroischen Landschaft. Von ihr darf der Fischer später sagen: „Wer wird hier leben wollen ohne Freiheit!" (v. 2137). Wiese und See, hohe Felsen und Wald, das ist hier die ganz konkret verstandene und vom Dichter „local" und „individuell" vor die Phantasie gebrachte Heimat, die es nunmehr gegen brutale Zwingherrschaft zu verteidigen gilt. Auf den freien Bergen wird in der Geisterstunde der alte Bund der Eidgenossen im neuen Bund noch einmal bekräftigt und beschworen. Denn zum zeitlos Naturhaften dieser Heimat gehört zugleich das Zeitliche ihrer Geschichte und ihrer Überlieferung. Das sind die notwendigen Voraussetzungen für den vaterländischen Geist Schweizer Demokratie:

> Wir sind ein Volk, und einig wollen wir handeln. (v. 1204)

Gegen diesen Gesamtvorgang wird der einzelne, der Starke, deutlich abgesetzt. Aber er ist in keiner Weise als promethischer Übermensch gemeint. Er gehört auch nicht in die lange Reihe der Schillerschen Helden, der erhabenen Verbrecher und scheiternden Empörer, in deren Handeln sich sittliche und tragische Schuld so verhängnisvoll mischen. Doch ist er gewiß ebenso alles andere eher als eine passive Figur. Schiller meinte mit Recht, daß die Rolle sich selbst erklärt: „eine

edle Simplicität, eine ruhige, gehaltne Kraft ist der Charakter; mithin wenige, aber bedeutende Gesticulation, ein gelassenes Spiel, Nachdruck ohne Heftigkeit, durchaus eine edle schlichte Manneswürde."* Tell ist der Redliche, der Bürger, der Hausvater, der ohne jedes Verschulden in eine tragische Brandung hineingerät und trotz aller Gefährdung am Ende unversehrt und gerechtfertigt aus ihr hervorgeht. Nichts deutet auf die Mischung von Catilina und Brutus hin wie bei Karl Moor, nichts auf die souveräne Menschenformung eines Posa, nichts auf das Zwielichthafte eines Wallenstein, der sich vom Doppelsinn des Lebens verklagt sah. Aber dennoch vollbringt Tell, ganz und nur auf sich selbst und seine Familie gestellt, die entscheidende Tat, die am Ende stellvertretende Bedeutung gewinnt und ein ganzes Volk in Bewegung setzt. Schiller hat diese oft kritisierte Isolierung Tells von den Eidgenossen in seinem Brief an Iffland vom 5. Dezember 1803 ausdrücklich unterstrichen: „So . . . steht der Tell selbst ziemlich für sich in dem Stück, seine Sache ist eine Privatsache, und bleibt es, bis sie am Schluß mit der öffentlichen Sache zusammengreift."* Tell und seine Familie seien der „intereßanteste Gegenstand im Stücke" und müßten es auch bleiben; „wenn man auf etwas anderes begieriger seyn könnte, als auf ihn, so wäre die Absicht des Werks sehr verfehlt worden."* Bezeichnenderweise wird Tell in der 1. Szene des III. Aufzuges erst einmal in einer nahezu idyllischen Familienszene mit Frau und Sohn gezeigt, ehe das Unheil über den Familienvater hereinbricht. Die viel umstrittene Notwendigkeit des großen Tellmonologs vor der Ermordung Geßlers wird von Schiller damit begründet, daß eben hier das eigentlich „Rührende des Stücks" läge und daher der „Empfindungszustand, worin Tell sich in diesem Monolog befindet, unbedingt hätte ausgesprochen werden müssen."*
Aus solchen Zeugnissen geht hervor, daß die Apfelschußszene und die der Tötung Geßlers weit mehr noch der Schlüssel zu diesem Drama sind als die vorwiegend auf die theatralische Wirkung berechnete Rütli-Szene. Tells mit so viel Nachdruck vom Dichter durchgeführte Absonderung von den Eidgenossen läßt sich nur daraus verstehen, daß die Konzeption der revolutionären Empörung eines an sich friedfertigen Volkes, das „selbst im Zorn die Menschlich-

keit noch ehrt'', sich mit der Konzeption eines Familiendramas verband, das der Situation eines Vaters galt, der in die Gefahr gerät, sein eigenes Kind töten zu müssen. Von der Mutter aus gesehen erscheint Tells Schuß keineswegs als ohne weiteres gerechtfertigt.

O, hätt' er eines Vaters Herz – eh' er's
Getan, er wäre tausendmal gestorben! (v. 2321 f.)

Ja, das Abdrücken des Pfeiles auf das eigene Kind wird geradezu als ein Tun ohne Herz ausgelegt, das mit dem möglichen Mord am Kinde auch die Mutter für immer verwundet hätte.

Kann ich vergessen,
Wie's hätte kommen können – Gott des Himmels!
Und lebt' ich achtzig Jahr – Ich seh' den Knaben ewig
Gebunden stehn, den Vater auf ihn zielen,
Und ewig fliegt der Pfeil mir in das Herz. (v. 2324 ff.)

Das alles ist gewiß von Hedwig im Affekt gesagt. Aber es beleuchtet doch die Problematik einer Tat, die auch als bloßer beleidigter ,,Stolz'' mißdeutet werden kann, der ,,in der blinden Wut des Spiels'' noch ,,das Haupt des Kindes und das Herz der Mutter'' als Einsatz wagt. In Wahrheit ist jedoch Tells Schuß gerade als die ihm abgezwungene, durchaus väterliche Handlung gemeint, mit der er weit weniger sein Leben als das Leben des Kindes zu retten sucht, obschon er zugleich dieses Leben dabei unvermeidlich riskieren muß. Schon vorher hatte er dem Landvogt die eigene Brust angeboten, wenn ihm der Schuß dafür erlassen würde. Aber die Bedingung Geßlers bleibt:

Du schießest oder stirbst mit deinem Knaben. (v. 1899)

Die Unmenschlichkeit des in Geßler verkörperten Bösen liegt vor allem darin, daß der Tyrann hier einem Vater ein Tun zumutet, wie es unväterlicher gar nicht sein könnte, das aber doch aus väterlicher Liebe vollzogen werden muß, wenn dieser den Sohn vor dem Zugriff brutaler Gewalt retten will. Hier allein und nur hier ist Tell in einer unausweichlichen tragischen Situation. Mit seinem Schuß auf das Haupt des Kindes wird er zum Versucher der Gottheit, aber es ist wiederum, wie im ,,Taucher'', – nur hier noch überboten – das grausame, hinterlistige Spiel eines bösen Tyrannen, das ihn bis zu diesem Äußersten treibt. Dort war es das böse Spiel mit Heldentum und Liebe, hier ist es Spiel mit den natürlichen Gefühlen eines Vaters. Vom zweiten, eingesteckten Pfeil heißt es nachher allzu offenherzig, daß er Geßler gegolten hätte, wenn der erste den Apfel auf dem Haupt des Kindes verfehlt und statt dessen den Sohn getroffen hätte. Aber der große Monolog gibt noch weitere Auskunft. Bereits in der Stunde, als Tell unter dem Zwang der „grausamen teuflischen Lust" eines Geßler handeln mußte, gelobte er in seinem Innern mit furchtbarem Eidschwur vor Gott, daß seines „nächsten Schusses erstes Ziel" das Herz dieses Geßlers sein sollte (v. 2587). Damit wird deutlich, worin der „streng bestimmte Fall" liegt, der als Ausnahme das „Notwendige und Rechtliche der Selbsthilfe" gestattet:

> Wer sich des Kindes Haupt zum Ziele setzte,
> Der kann auch treffen in das Herz des Feinds. (v. 2576 f.)

Wo politische Gewalt die gottgewollte Ordnung des Lebens umkehrt und der Vater dazu gezwungen wird, auf das Haupt des Kindes zu zielen, wenn er überhaupt Vater bleiben will, da ist diesem Vater auch das sittliche Recht zum politischen Mord gegeben, weil er nur so noch die Familie, die Urzelle alles gemeinschaftlichen Lebens, die „holde Unschuld" seiner „lieben Kinder" und das eigene Eheweib schützen kann. Das „Ungeheure", das einem so schlichten und redlichen Mann wie Wilhelm Tell durch Geßler auferlegt wurde, ermächtigt ihn, mit dem „Ungeheuren" zu antworten: dem heimtückischen Meisterschuß auf „das Herz des Todfeinds". Nirgends ist in Tells Monolog von der Befreiung des Landes aus politischer Knechtschaft die Rede. Mit „revolutionärem Terror" hat seine Tat überhaupt nichts zu tun. Er handelt als Vater und Gatte und nur als Vater und Gatte. Wer die Familie angreift oder sie sogar dazu zwingt, sich selbst zu vernichten, versündigt sich an den ursprünglichen Ordnungen des Lebens, und die beleidigte „heilige Natur", des „Herdes Heiligtum" finden in Tell den Rächer für ihre Entweihung durch Gewalt und Willkür. Tells Handeln bleibt „gerecht" und „rein", nicht nur, weil es völlig frei von

Eigennutz ist, sondern auch, weil es mit dem Willen der „heiligen Natur" selbst identisch ist und allein dahin zielt, das geschändete Heiligtum wiederherzustellen. Der zu seiner Familie zurückkehrende Tell spricht das noch einmal ganz schlicht aus:

> O Hedwig Hedwig! Mutter meiner Kinder!
> Gott hat geholfen – Uns trennt kein Tyrann mehr (v. 3131 f.)

Wie sehr Geßlers Tat als Ursünde des Bösen gegen die Natur und die aus ihr hervorgegangenen Ordnungen verstanden werden muß, das hat Schiller unmißverständlich zum Ausdruck gebracht. In den Versen, die er dem Fischer in den Mund gelegt hat, wird die orkanhafte Wucht des Sturmes, in den das Schiff des Tyrannen mit dem gefesselt fortgeführten Tell hineingerät, wie ein eschatologisches Gericht ausgedeutet, das sich durch die Natur selbst vollzieht:

> Zu zielen auf des eignen Kindes Haupt,
> Solches ward keinem Vater noch geboten!
> Und die Natur soll nicht in wildem Grimm
> Sich drob empören – O, mich soll's nicht wundern,
> Wenn sich die Felsen bücken in den See,
> Wenn jene Zacken, jene Eisestürme,
> Die nie auftauten seit dem Schöpfungstag,
> Von ihren hohen Kulmen niederschmelzen,
> Wenn die Berge brechen, wenn die alten Klüfte
> Einstürzen, eine zweite Sündflut alle
> Wohnstätten der Lebendigen verschlingt! (v. 2140)

Aber so sehr auch Tells Handeln gegen Geßler durchaus privaten und familiär-rechtlichen Antrieben entspringt, es wird dennoch zur Rettung für das Land und zum Fanal des Volksaufstands. Denn in Wahrheit hat das Einstehen für die Familie in Schillers Gedankenwelt niemals rein privaten, sondern zugleich auch politisch-öffentlichen Charakter. Des „Herdes Heiligtum", das ist auch der unzerstörbare Grund, auf dem die Schweizer das Haus ihrer Freiheit aufgebaut haben. In der Verteidigung der Familie geht es nicht um das Individuum, sondern um die Menschheit und die Urformen gemeinschaftlichen sittlichen Zusammenlebens. Daher hat das in der Gewissensverantwortung übernommene Vatertum stets auch eine urbildliche Bedeutung für die soziale Gemeinschaft und die staatliche Ordnung. Sieht man genauer hin, so zeigt sich eine doppelte Bewegung in diesem Drama: bei den Eidgenossen des Rütli handelt es sich um den Entschluß, ihre vom Kaiser verbrieften Rechte, und sei es auch mit Gewalt, wiederzuerlangen. Denn ihre republikanische Freiheit wurzelt in der patriarchalischen Freiheit von Familien und Sippen. Das Motiv der Familie tritt auch bei ihnen in abgewandelter Form auf: in Melchtals Sohnesbindung an seinen geblendeten Vater, in Baumgartens Einstehen für sein „Hausrecht", ja noch in Attinghausens erzieherischer Haltung zu dem treulosen Neffen Rudenz. Das alles kann und soll von dem Eintreten für allgemeine Menschenrechte und besondere Freiheiten des Schweizer Gemeinwesens nicht abgelöst werden. Umgekehrt wiederum steht Wilhelm Tell zwar allein da, er ist der extreme, exemplarische, vom Dichter isolierte Fall äußerster und tückischster Bedrohung eines Vaters. Aber, indem er in eigener Sache handelt, handelt er doch zugleich für alle. Nur darum kann seine ja gar nicht individualisiert, sondern in fast holzschnittartigem Umriß gegebene Gestalt mit dem Volk als Ganzem wiederum eins werden, ohne daß ein Trennendes übrigbliebe, weil die Empörung des Vaters aus der gleichen Wurzel hervorgeht wie die Empörung der Eidgenossen. Die Natur selbst, die die Idee der Freiheit als ihr Telos in sich trägt, rächt sich in beiden Fällen für den tyrannischen Zwang, den ihre Kinder, ohne eigenes Verschulden, durch fremde Gewaltherrschaft erdulden mußten. Aber zu dieser „Rache" gehört als sittliche Bedingung, daß sie frei ist von jeder individuellen Maßlosigkeit und privaten Grausamkeit. Bescheidung selbst im Glück und im Siege, so malt Schiller das Bild dieses sich empörenden Volkes, das er für „unsterblich und des Liedes wert" gehalten hat. Mit Robespierres Doktrinen und der Herrschaft der Guillotine sollte man das nicht vergleichen.

Schiller glaubte den Einzelfall Tell am Ende des Stückes noch einmal durch eine Kontrastsituation beleuchten zu müssen. Er hat das Auftreten Parricidas gegen die Einwände Ifflands verteidigt und die Szene den „Schlußstein des Ganzen" genannt, durch den Tells Mordtat „allein moralisch und poetisch aufgelöst" würde*. Bei Parricida handelt es sich um einen „ruchlosen Mord aus Impietaet und Ehrsucht", doppelt schuldhaft, weil er „Vatermord" und „Kaisermord" zugleich war, bei Tell um die „gerechte Notwehr eines Vaters". Die Gegenüberstellung suchte jeden „Knoten im Moralischen" aufzulösen, was bei „Warbeck" nicht recht gelingen wollte. Doch nicht das, wenn auch begrenzte, Recht zum politischen Terror will Schiller hier gegen Kant rechtfertigen, denn die Antriebe zum Handeln entsprangen bei Tell ja keineswegs politischen Doktrinen und Prinzipien. Wohl aber hatte das nur scheinbar rein private Handeln eine überpersönliche und damit auch politische Bedeutung. Der Vater, der seine Familie schützt, das ist eine Ursituation der Natur, aber zugleich auch der sittlich verstandenen Gemeinschaft in der Geschichte. Geßler, der noch in seinen letzten Worten vor dem Tode das Programm einer gewaltsamen Unterdrückung aller Freiheit verkündet, ist „Tyrann", weil er eine gewachsene patriarchalische Ordnung durch die Willkür bloßer Gewalt zu vernichten sucht. Damit steht er gleichsam außerhalb jener sinngebenden Natur, von der die Eidgenossen wie von einem gottgewollten Zauberkreis umschlossen sind. Belehrt doch schon Tell seinen Knaben:

> Ja, wohl ist's besser, Kind, die Gletscherberge
> Im Rücken haben als die bösen Menschen. (v. 1813 f.)

Das radikal Böse, wie es in Geßler gedichtet ist, meint damit zugleich das Naturlose, ja Naturwidrige. Darin besteht seine Unmenschlichkeit, wie in anderer Weise bereits bei Franz Moor. Im Spiel des Bösen vermag Geßler zwar noch einen Schweizer Hausvater wie Tell zu einem Verhalten zu zwingen, das das Väterliche in sein Gegenteil pervertiert. Aber damit hat er auch die Gegenkraft entbunden, die ihn selber vernichten muß. Das geschieht durch den heimlichen politischen Mord, weil es anders überhaupt nicht geschehen kann.

Wilhelm Tell braucht keine rächende Nemesis mehr zu fürchten. Denn das unbegreiflich in der Geschichte Waltende ist durchaus mit ihm im Bunde; sein Tun bleibt auch vor Weltgeschichte und Weltgericht gerechtfertigt, ohne daß dafür das Opfer des eigenen Lebens verlangt würde. An die Stelle der Tragödie ist hier bei Schiller das legendäre festliche Schauspiel getreten. Die episch ausmalenden Züge im Aufbau des Ganzen sind unverkennbar. Die szenischen Bilder sind nach dem Rhythmus der Wanderung angeordnet und in freier, aber dennoch gebändigter Form miteinander verbunden*. Der Charakter als Festspiel wird durch eingestreute Lyrik und Musik noch unterstrichen. »Wilhelm Tell« ist trotz aller von außen bedrohenden Gewalt das Drama einer heilen Welt. In diesem Sinne verwirklicht es Schillers ästhetische Idee von der Freiheit in der Erscheinung. Als Festspieldrama ist »Wilhelm Tell« das politisch gewordene „Elysium", bzw. die politisch gewordene „Idylle". Denn hier ist die Versöhnung von Idee und Wirklichkeit vollzogen, auf die Schillers Sehnsucht stets gerichtet blieb. Symbolisch stellvertretend dafür steht die Einheit von Natur und Volk, von Mensch und Familie und auch noch die von Tell und seinen Schweizer Mitbürgern. Das alles ist gebunden an eine klassische Stilgebung, die zwischen dem Realismus einer bis ins Mundartliche gefärbten und einer sentenzhaft zugespitzten, stilisierten Sprache die Mitte hielt. So wie das Festspiel Ausgleich und Zusammenführung erstrebte, so suchte der Klassiker Schiller hier zwischen populärer theatralischer Darbietung, sinnlicher Erscheinungsfülle, lebendiger Handlung und ästhetischer Kultur zu vermitteln. Manches erinnert wieder an die Motive, die bereits in seinen Jungenddramen so deutlich hervortraten, aber die Idee des klassischen Kunstwerks ist darüber nicht mehr preisgegeben worden.
Mit Recht konnte Herman Nohl von diesem Drama sagen, daß es in einer „restlosen Auflösung aller Trennung, einer vollständigen Umarmung" endet*. Alle Not hat dort ihre Wende gefunden, wo Gott sich herbeiläßt, uns „durch unsern Arm" zu helfen. (S. 767-776)

5. Literatur (- Auswahl -)

Schillers Werke. Nationalausgabe. Im Auftrag des Goethe- und Schiller-Archivs, des Schiller Nationalmuseums und der Deutschen Akademie hrsg. von J. Petersen und G. Fricke. Seit 1961 hrsg. im Auftrag der Nationalen Forschungs- und Gedenkstätten der klassischen deutschen Literatur in Weimar und des Schiller-Nationalmuseums in Marbach von L. Blumenthal und B. von Wiese.

Schiller. Sämtliche Werke. Hrsg. von G. Fricke, H. G. Göpfert und H. Stubenrauch. 5 Bände. München 1958-1959; 4. Auflage 1965.

Schiller. Sämtliche Werke. Säkularausgabe in 16 Bänden. Siebenter Band hrsg. von Oskar Walzel. Stuttgart-Berlin 1904 (Cotta).

Dieser Ausgabe folgt auch der Reclam-Band Nr. 12, der unserem Erläuterungs- und Materialienband zugrundeliegt.

* * *

Ingrid Bode	Schiller-Bibliographie 1966-1969 und Nachträge. In: Jahrbuch der Deutschen Schiller-Gesellschaft. 14. Jahrgang (1970), S. 584-636.
Ingrid Bode und Paul Raabe	Schiller-Bibliographie 1959-1961. In: Jahrbuch der Deutschen Schiller-Gesellschaft. 6. Jahrgang (1962), S. 465-553.
Wolfgang Vulpius	Schiller-Bibliographie 1893-1958. Weimar: Arlon (bzw. Berlin: Aufbau Verlag) 1959-1968. Band 1 1893-1958; Band 2 1959-1963.

* * *

Julius W. Braun (Hg.)	Schiller und Goethe im Urtheile ihrer Zeitgenossen. Leipzig 1882.
Fritz Jonas (Hg.)	Schillers Briefe. Kritische Gesamtausgabe. 7 Bände. Stuttgart 1892-1896.
Albert Leitzmann	Die Quellen von Schillers Wilhelm Tell. Bonn 1912.
Josef Schmidt (Hg.)	Friedrich Schiller. Wilhelm Tell. Stuttgart 1991 (1969; 1979). Erläuterungen und Dokumente. (Reclam 8102 „grüne Reihe").

* * *

Klaus L. Berghahn (Hg.)	Friedrich Schiller. Zur Geschichtlichkeit seines Werkes. Kronberg/Ts. 1975.
Rolf Geißler	Das Drama im Unterricht. In: Taschenbuch des Deutschunterrichts. Baltmannsweiler 1979.
Walter Hinderer	Schillers Dramen. Neue Interpretationen. Stuttgart 1979
Karl Heinz Kausch	Das Politische in Schillers Schauspiel „Wilhelm Tell". In: Nationalismus in Germanistik und Dichtung. Dokumentation des Germanistentages in München vom 17.-22. Oktober 1966. – Hrsg. von B. v. Wiese und R. Henß. Berlin 1967.
Helmut Koopmann	Schiller-Kommentar. 2 Bände. München 1969.

Edgar Neis — Klassiker wieder aktuell? Wie finden Schüler heute Zugang zur Dichtung der Goethe-Zeit? Zehn Interpretationsbeispiele aus der Schulpraxis. (Schiller: Wilhelm Tell, S. 49-64). Freiburg 1979.*

Norbert Oellers (Hg.) — Schiller – Zeitgenosse aller Epochen. Dokumente zur Wirkungsgeschichte Schillers in Deutschland. Teil 1 (1782-1859); Teil 2 (1860-1966). München 1976.

Friedrich Schnapp — Schiller über seinen „Wilhelm Tell". – In: Deutsche Rundschau Nr. 206 vom Februar 1926.

Heinz Tischer — Schillers „Wilhelm Tell". – Anmerkungen für eine kritische Behandlung im Unterricht. – Hollfeld 1977 u. ö. (Analysen & Reflexionen)

Gero von Wilpert — Schiller-Chronik. Stuttgart 1958.

* * *

Friedrich Burschell — Friedrich Schiller mit Selbstzeugnissen und Bilddokumenten. Hamburg 1992.

Bernt von Heiseler — Schiller. Dichter – Idealist – Philosoph. München 1983.

Peter Lahnstein — Schillers Leben. Frankfurt/Main 1984.

Hans Mayer — Friedrich Schiller. Skizzen zu einem Portrait. In: W. Hinderer. Literarische Portraits, S. 55-66.

---

*) In veränderter Form und aktualisiert liegt der Band ab 1994 bei Bange (Hollfeld/Obfr.) vor unter dem Titel: „Klassische Dramen und Erzählungen". – Neben dem „Tell" enthält er u. a. den „Tasso", „Die Leiden des jungen Werther"; „Der zerbrochne Krug"; „Die Räuber". –

Henning Rischbieter	Friedrich Schiller. (Bd. 2) Vom „Wallenstein" bis zum „Wilhelm Tell". München 1976.
Emil Staiger	Friedrich Schiller. Zürich 1967.
Gerhard Storz	Der Dichter Friedrich Schiller. Stuttgart 1968.
Benno von Wiese	Die Dramen Schillers. Politik und Tragödie. Leipzig 1938.
– –	Schiller. Eine Einführung in Leben und Werk. Stuttgart 1955.
– –	Friedrich Schiller. Stuttgart 1959.
Bernhard Zeller/ Walter Scheffler	Friedrich Schiller. Eine Dokumentation in Bildern. Marbach 1977.
Bernhard Zeller	Schiller. Leben und Werk in Daten und Bildern. Frankfurt 1977.
Carl Zuckmayer	Ein voller Erdentag. Drei Essays. Frankfurt/Main 1985. – Darin enthalten der Essay aus dem Jahre 1959 mit dem Titel: „Ein Weg zu Schiller", S. 11-89.

Nach wie vor zählen die Schiller-Darstellungen der großen Germanisten STAIGER, STORZ und v. WIESE zu den beispielhaften Veröffentlichungen über Werk und Leben des deutschen Klassikers. – Dem jugendlichen Leser sei deshalb die Lektüre eines dieser Bücher ans Herz gelegt. – Von den neueren Darstellungen ist P. LAHNSTEINs Lebensbild gerade für „Einsteiger" sehr gut lesbar. – Zur Fülle der werkbezogenen Literatur verweise ich auf die Bibliographie bei BURSCHELL.

Romane:
Mann, Königl. Hoheit - Frisch, Homo Faber Andres, Knabe im Brunnen - Andersch, Sansibar.

Zur Theorie der Novelle - Zur Theorie des Romans -
Gliederungsvorschläge - Themenvorschläge u.v.a.

Epochen deutsche Literatur

Kurzgefaßte Abhandlungen für den Deutschunterricht an weiterführenden Schulen.
Bestellnummern vor den einzelnen Titeln.

480 Die deutsche Romantik I (Frühromantik)
481 Realismus des 19. und 20. Jahrhunderts
482 Impressionismus und Expressionismus
483 Sturm und Drang
484 Die deutsche Romantik II (Spätromantik)
485 Die deutsche Klassik
486 Von der Aufklärung zum Sturm und Drang - Literaturgeschichtliche Querschnitte

Robert Hippe

Interpretationen zu 62 ausgewählten motivgleichen Gedichten

mit vollständigen Gedichtstexten
Bestell-Nr.: 0587
Der Verfasser hat die wiedergegebenen Interpretationen und Auslegungen in langen Gesprächen und Diskussionen mit Oberprimanern erarbeitet. Die hier angebotenen Deutungsversuche erheben keinen Anspruch auf die einzig möglichen oder richtigen, sondern sollen Ausgangspunkte für Weiterentwicklungen und Berarbeitungen sein.
Aus dem Inhalt: Themen wie Frühling - Herbst - Abend und Nacht - Brunnen - Liebe - Tod - Dichtung u.a.

Robert Hippe

Interpretationen zu 50 modernen Gedichten

mit vollständigen Gedichtstexten
Bestell-Nr.: 0597
Der vorliegende Band verspricht Interpretationshilfe und Deutungsversuche - in unterschiedlicher Dichte und Ausführlichkeit - für 50 vielbehandelte Gedichte im Unterricht. Materialien und Auswahlbibliographie geben den Interessenten Hilfe für den Deutsch- und Literaturunterricht. Für den Lehrenden eine Bereicherung zur Vorbereitung des Unterrichts. Für den Lernenden Hilfestellung für häusliches Arbeiten.
Aus dem Inhalt: Lasker-Schüler - Hesse - Carossa - Benn - Britting - Brecht - Eich - Kaschnitz - Huchel - Kästner - Bachmann - Piontek - Celan - Härtling - Reinig - Grass - Enzensberger u.a.

Robert Hippe

Kurzgefaßte deutsche Grammatik und Zeichensetzung

Bestell-Nr.: 0515
Ein Abriß der deutschen Grammatik systematisch und fundamental dargeboten; beginnend mit den Wortarten, Betrachtung der Satzteile und Nebensätze bis zu den Satzzeichen. Beispiele durchsetzen das Ganze und Lösungen sollen Fehler auffinden helfen. Ein nützliches, in 10-tausenden Exemplaren bewährtes Übungs- und Nachhilfebüchlein.

Albert Lehmann

Erörterungen

Gliederungen und Materialien.
Methoden und Beispiele für den Unterricht und häusliches Arbeiten.
Bestell-Nr.: 0692
Die vorliegende Sammlung von 61 Gliederungen, die durch Erläuterungen - vornehmlich Beispiele - zu den einzelnen Gliederungspunkten erweitert sind, sollen die Wiederholung des Jahresstoffes erleichtern und Anregungen für den Unterricht geben.
Themen: Landschaftszerstörung - Berufswahl - Urlaubsreise
Stoffkreise: Gesellschaft - Natur - Tourismus - Sport - Technik - Arbeit u. Beruf - Freizeit - Konflikte zwischen den Generationen - Die Stellung der Frau in der Gesellschaft - Entwicklungsländer - Massenmedien - Ausländerfeindlichkeit - Familienjahr der UN u.a.

Hartwig Lödige

ABC DEUTSCH : Grammatik

Regelteil: Regeln- Beispiele - Erläuterungen
Bestell-Nr.: 0491

Übungsteil: Übungen mit Lösungen zur Grammatik
Bestell-Nr.: 0492

ABC DEUTSCH: Rechtschreibung

Regelteil: Regeln - Beispiele - Erläuterungen
Bestell-Nr.: 0493

Übungsteil: Übungen mit Lösungen zur Rechtschreibung
Bestell-Nr.: 0494

ABC DEUTSCH: Zeichensetzung

Regelteil: Regeln - Beispiele - Erläuterungen
Bestell-Nr.: 0495

Übungsteil: Übungen mit Lösungen zur Zeichensetzung
Bestell-Nr.: 0496

Zu den Bänden ABC DEUTSCH sind Computerspiele geplant. Bitte fragen Sie wegen der Erscheinungstermine beim Verlag an.
Das Konzept der Reihe:
Die Regelbücher:
Die Inhaltsverzeichnisse sind sehr übersichtlich und klar gegliedert. Beschränkung auf das Wesentliche und Wichtige. Verständlichkeit durch Verwendung nicht nur lateinischer, sondern auch deutscher Begriffe (z.B. Hauptwort, Wie-Wort, Tu-Wort); daher (fast)ohne Vorwissen begreifbar. Systematische und verständliche Darstellung der Regeln durch einfache Sprache und klare Gliederung der einzelnen Kapitel in: 'Regel (bzw. Definition)', 'Beispiele und Erläuterungen', 'Hinweise'. Bei besonderen Schwierigkeiten Wortlisten zum Einprägen, Bilderrätsel zu Auflockerung und Überprüfung des Wissens (mit Auflösungen im Anhang). Tabellen für den Überblick. Leerseiten für Notizen. Ausführliches Register.

Die Übungsbücher:
Diese sind nach Sachgebieten gegliedert und so aufgebaut, daß Selbstlerner dank eines entsprechenden Buchumschlags die Lösungen abdecken und sich nach Beantwortung der Fragen selbst überprüfen können.
Da auf der jeweils linken Buchseite die Fragen noch einmal - natürlich mit Antworten - abgedruckt sind, können Lehrer, Nachhilfelehrer und natürlich auch Eltern das Wissen (ohne selber den Stoff beherrschen zu müssen!) problemlos abfragen.

Martin H. Ludwig
Das Referat

Kurze Anleitung zu einer Erarbeitung und Abfassung.
Bestell-Nr.: 0646

Martin H. Ludwig
Praktische Rhetorik

Reden - Argumentieren - Erfolgreich verhandeln.
Bestell - Nr.: 0688
'Praktische Rhetorik' ist ein Übungsbuch für jedermann! Ob bei der Sammlung von Gedanken, bei der Konzentration der Argumente, bei der Gestaltung einer Rede, in der Rücksichtnahme auf den Verhandlungspartner, bei der Vorsicht vor 'gefährlichen' Redewendungen.
Aus dem Inhalt: Formale Rhetorik - Dekorative Rhetorik - Verwendung von Argumenten in der Verhandlung - Psychologie in der Verhandlung - Einzelne Techniken zur Durchsetzung von Anliegen - Positive Verhandlungstechniken - Wie wehre ich mich gegen....? - Typische Verhandlungssituationen - Wann sind welche Techniken angebracht?

Methoden und Beispiele der Kurzgeschichten-Interpretationen

mit den behandelten Kurzgeschichten-Texten.
Bestell-Nr.: 0691
Herausgegeben und erstellt von einem Arbeitskreis der Pädagogischen Akademie Zams.
Methoden: Werkimmanente, existenzialistische, grammatische, stilistische, strukturelle, kommunikative, soziologische, geistesgeschichtliche, historisch/biographische/symbolische Methode.
Beispiele: Eisenreich-Cortázar-Dürrenmatt-Brecht-Horvath-Bichsel-Kaschnitz-Lenz-Weißenborn-Rinser-Borchert-Nöstlinger-Wölfel-Langgässer.
An Beispielen ausgewählter Kurzgeschichten werden die einzelnen Methoden der Interpretation demonstriert und erläutert. Informationen und Nachschlagewerk für den Unterricht in den Sekundarstufen.

Edgar Neis
Das neue große Aufsatzbuch

Methoden und Beispiele des Aufsatzunterrichts an weiterführenden Schulen.
Bestell-Nr.: 0636
Dieses Buch richtet sich an Lehrer und Schüler von weiterführenden Schulen. Ein weitverbreitetes, erfolgreiches Lern- und Übungsbuch.
Aus dem Inhalt:
Zur Technik des Aufsatzschreibens - Stoffsammlung und Disposition - Charakteristik - Erörterung - dialektischer Besinnungsaufsatz -

Themen und Aufsätze zu zeitbezogenen Problemen - Aufsätz zur Literatur - Texterschließung - Interpretationshinweise - Vorschlägef ür Aufsatzthemen u.v.a.

Edgar Neis

Deutsche Diktatstoffe

- Unterstufe - 3. bis 7. Jahrgangsstufe.

Bestell-Nr.: 0524

Edgar Neis

Moderne deutsche Diktatstoffe

5. bis 10. Jahrgangsstufe

Bestell-Nr.: 0693

Beide Bände dienen der Einübung und Wiederholung der Rechtschreibung und Zeichensetzung. Jeder Band gliedert sich in zwei Teile, einen systematischen Teil , der zielbewußte Einübung von Wörtern, deren Schreibung Schwierigkeiten bereitet, dient und einen allgemeinen Teil. Dieser bringt zusammenhängende Diktatstoffe aus dem deutschen Schrifttum.

Edgar Neis

Interpretationen von 66 Balladen, Erzählgedichten und Moritaten

Analysen und Kommentare.

Bestell-Nr.: 1404

Balladen usw. des 18, 19. und 20. Jahrhunderts werden in dieser für Lehrer, Studenten und Schüler bestimmten Lernhilfe ausführlich interpretiert und durch Erklärungen Verständnis für diese Art Dichtung geweckt.

Als Begleitbuch für Unterricht und häusliches Arbeiten - eine Fundgrube!

Aus dem Inhalt: Bürger - Herder - Goethe - Schiller - Uhland - Eichendorff - Heine - Droste-Hülshoff - Miegel - Brecht - Huchel - Celan - Chr.Reinig - Kunert uva.

Edgar Neis

Interpretationen motivgleicher Werke der Weltliteratur

Dramatische, epische und lyrische Gestaltung der bekanntesten Stoffe der Weltliteratur werden mit knappen Inhaltsangaben vorgestellt und miteinander vergleichend interpretiert.

Band 1: Mythische Gestalten

Bestell-Nr.: 0548

Alkestis - Antigone - Die Atriden(Elektra/Orest) - Iphigenie - Medea - Phädra.

Band 2: Historische Gestalten

Bestell-Nr.: 0549

Julius Caesar - Coriolan - Der arme Heinrich - Die Nibelungen - Romeo und Julia - Jeanne d'Arc /Die Jungfrau von Orleans - Johann Joachim Winckelmann.

Edgar Neis

Verbessere Deinen Stil

Bestell-Nr.: 0539

Der Autor versucht im vorliegenden Band vom grundlegenden Schema über Wortwahl und Satzgestaltung den Interessierten zu einer guten Ausdrucksform zu führen. Stil ist erlernbar, deshalb wurden im zweiten Teil viele künstlerisch gestaltete, stilvolle Beispiele wiedergegeben.

Edgar Neis

Wie interpretiere ich ein Drama?

Methoden und unterrichtspraktische Beispiele.

Bestell-Nr.: 0697

Erstbegegnungen mit dramatischen Formen - Methoden des Interpretierens - Wege zur Erschließung und Analyse eines Dramas.

Arbeit im Detail: Titel, Personen, Handlung, Aufbau, Sprache, Realisation, Bühnengestaltung, Regieanweisungen, sozio-kulturelle und historische Einordnung usw. Modellinterpretationen.

Edgar Neis

Wie interpretiere ich Gedichte und Kurzgeschichten?

Methoden und Beispiele für häusliches Arbeiten und Unterrichtsgestaltung.

Bestell-Nr.: 1407

Ein 'Grundkurs', die Kunst des Interpretierens zu erlernen und zu verstehen. Anhand von zahlreichen Musterinterpretationen werden dem Benutzer die Wege zu einer gelungenen Erschließung eines Stoffes aufgezeigt. Standardwerk!

Reiner Poppe

Aufsatztraining für die 10. Klasse

Themen - Techniken - Beispiele

Bestell-Nr.: 0464

Anhand von vorgegebenen Textbeispielen vermittelt dieses Buch den Benutzern methodisch die Erstellung von Texten. Beispiele zu: Erzählbericht - Bericht - Beschreibung - Erörterung - dialektischer Besinnungsaufsatz - Interpretation usw.

Diktatsammlungen von Klaus Szyrba:
- 50 Kurzdiktate für das 4. - 7. Schuljahr
mit 250 Übungsmöglichkeiten
Bestell-Nr.: 0477

- Neue lebensnahe Diktate 2. - 10. Schuljahr
mit zahlreichen Übungsmöglichkeiten.
200 Diktate und Übungen.
Bestell-Nr.: 0611

- Lebensnahe Diktate 2. - 4. Schuljahr
150 Diktate mit angegliederten Übungsmöglichkeiten und Lösungen.
Bestell-Nr.: 0610

- Lebensnahe Diktate 5. - 7. Schuljahr
150 Diktate mit Lösungen und zahlreichen Übungsmöglichkeiten.
Bestell-Nr.: 0613

- Lebensnahe Diktate 8. - 10. Schuljahr
100 Diktate mit Lösungen und Übungsmöglichkeiten.
Bestell-Nr.: 0471

- Lebensnahe Diktate 5. - 10. Schuljahr
250 Diktate mit Lösungen, Übungsmöglichkeiten und Tabellen.
Bestell-Nr.: 0612

- Wege zur sicheren Rechtschreibung
Diktate mit Übungen für das **2. Grundschuljahr**.
Bestell-Nr.: 1409

- Wege zur sicheren Rechtschreibung
Diktate mit Übungen für das **3. Grundschuljahr**.
Bestell-Nr.: 1411

Weitere Titel von Klaus Sczyrba:
- Komm, wir schreiben!
Rechtschreibübungsheft für das 2. und 3. Schuljahr.
Bestell-Nr.: 0614

- Komm, wir schreiben!
Rechtschreibübungsheft für das 3. und 4. Schuljahr.
Bestell-Nr.: 0616

- Komm, wir schreiben!
Rechtschreibübungsheft für 4. und 5. Schuljahr.
Bestell-Nr.: 0479

- Lebensnahe Grammatik für die Grundschule
Übungen für das 2. - 4. Schuljahr
Bestell-Nr..: 0673-

- Lebensnahe Grammatik für die 5. - 10. Klasse
100 Übungen mit Lösungsteil.
Bestell-Nr.: 0474

- Schwierigkeiten mit der deutschen Grammatik
Übungen mit Lösungen.
Bestell-Nr.: 0694
Anhand von vielen Beispielen werden den Benutzern bestehende Regeln nahegebracht. Das Buch richtet sich an alle, die ihre Kenntnisse auffrischen wollen; auch Ausländer, die sich mit der deutschen Sprache vertraut machen wollen.

- Wege zum guten Aufsatz
Übungsbuch für das 3. bis 5. Schuljahr.
Bestell-Nr.: 0690
Spielerisch wird hier der Aufsatzunterricht mit Übungen und Lösungsbeispielen den Kindern der Grundschule beigebracht. Die Fundamente, welche in der Grundschule für das Aufsatzschreiben vermittelt werden, sollen hier für die Kinder in heiterer Form dargestellt werden.

- Wege zum guten Aufsatz
Übungsbuch für das 5. bis 10. Schuljahr.
Bestell-Nr.: 0472
Gerade die Benutzer dieser Altersgruppen legen die Basis für einen guten Stil im Verfassen von Texten jeder Art. Dieses Buch will hier helfend begleiten. Anhand von Beispielen jeder Art, werden die vermeidbaren Fehler aufgezeigt und Empfehlungen gegeben, für die eigene Art Texte wiederzugeben oder zu verfassen.

Klaus Sczyrba

Lebensnahe Sprachlehre in der Grundschule

50 Unterrichtsentwürfe .

Bestell-Nr.: 0615

Diese Unterrichtsentwürfe haben sich als vielbegehrte Hilfe erwiesen und ermöglichen, daß der sonst so trockene Stoff der Sprachlehre lebensnah eingeführt wird.
Jeder Entwurf ist eine Unterrichtseinheit, die sich über einen längeren Zeitraum erstreckt.

Englisch

Peter Luther/Jürgen Meyer

Englische Diktatstoffe

Unter- und Mittelstufe

Bestell-Nr.: 0647

Beginnend mit einfachen Texten und Erklärungen wird hier der Benutzer des Buches mit der englischen Grammatik, Wortlehre und Rechtschreibung vertraut gemacht. Worterklärungen und Übungen zur Selbstkontrolle runden den Band ab.

Jürgen Meyer

Deutsch-englische / englisch-deutscheÜbersetzungsübungen

9. - 13. Klasse

Bestell-Nr.: 0594

Texte für Fortgeschrittene, die ihre Kenntnisse in Wortanwendung und Grammatik erweitern und überprüfen wollen.
Zu den zeitgemäßen deutschen Texten wurden die Vokabeln und deren Anwedungsmöglichkeiten gegeben und erklärt.
Am Schluß des Bandes stehen die englischen Taxte zur Selbstkontrolle.

Jürgen Meyer/Ulrich Stau

Englisch 5./6. Klasse

Übungen mit Lösungen

Bestell-Nr.: 1405

Der gesamte Stoff der 5. und 6. Klasse wird in diesem Nachhilfebuch wiederholt. Die Benutzer können anhand von Übungen ihr Wissen testen und im Lösungsteil nachschlagen.

Jürgen Meyer

Übungstexte zur englischen Grammatik

9. - 13. Klasse

Bestell-Nr.: 0567

Der Band enthält Übungsmaterial zu aktuellen Fragen usw. über das heutige Großbritannien und die USA.Die Texte sind mit ausführlichen Hinweisen zu den Vokabeln sowie Übungen zur Syntax und zum Wortschatz versehen. Diskussionsvorschläge und ein sorgfältig aufbereiteter Schlüssel bieten zusätzliche Unterrichtshilfen.

John A. Phillips

Englisch für Frustrierte

Ratgeber für Muß-Studenten und Schüler der englischen Sprache.

Bestell-Nr.: 0478

Dieses Buch ist für Leute geschrieben, denen vielleicht doch noch zu helfen ist, ihre verlorengegangene Freude an der englischen Sprache zurückzugewinnen. Der Autor, Professor für Englisch an der Uni Tokio, Verfasser mehrerer humorvoller und skurriler Bücher, hat kein Lehrbuch im üblichen Sinne geschrieben. Es ist aber auch kein Amüsierbuch allein; dazu ist es dem Verfasser mit den Menschen, die seine Sprache lernen wollen, viel zu ernst. Der Leser lernt viel, ohne belehrt zu werden. Was er bietet, will und kann kein systematisches Lehrbuch ersetzen, wohl aber 'background' schaffen, bei Kennern der Sprache manches Tüpfelchen auf das 'i' setzen und, wie erwähnt (-so auch der Titel), Frustrierte wieder zu mobilisieren.
Enjoy it....

Französisch

Werner Reinhard

Französische Diktatstoffe

Unter- und Mittelstufe - 1. bis 4. Unterrichtsjahr

Bestell-Nr.: 0532

Die nach dem Schwierigkeitsgrad geordneten Texte sind überwiegend Erzählungen und Berichte von Begegnungen des täglichen Lebens, wobei unbekannte Vokabeln beigegeben sind. Mit den Texten lernt der Schüler die gehobene Umgangssprache; d.h. Vokabular und Wendungen, die er später für die eigene Textproduktion verwenden kann. Den Texten vorangestellt sind Bemerkungen zur Rechtschreibung , die nützliche Regeln enthalten.

Werner Reinhard

Übungstexte zur französischen Grammatik

9. - 13. Klasse

Bestell-Nr.: 0543

Dieses Buch wendet sich an Lernende, die bereits einige grammatische Kenntnisse haben, sie jedoch festigen und vertiefen wollen. Es eignet sich aufgrund umfangreicher Vokabelangaben, sowie des ausführlichen Lösungsteils, zum Selbststudium und vermag bei Schülern ab Klasse 9 Nachhilfeunterricht zu ersetzen.

Die textbezogenen Aufgaben berücksichtigen insgesamt die wichtigsten grammatischen Gebiete, ein Register ermöglicht auch systematisches Vorgehen.

Werner Reinhard

Kurze moderne Übungstexte zur französischen Präposition

Bestell-Nr.: 0568

In einem lexikalischen Teil gibt das Übungsbuch zunächst einen Überblick über die Anwendungen der wichtigsten Präpositionen.

Im anschließenden Übungsteil kann der Benutzer seine Kenntnisse überprüfen. Vorherrschende Methode ist die Einsatzübung.

Anhand der Lösungen kann der Übende im Selbststudium seine Kenntnisse vervollständigen.

Geschichte

Peter Beyersdorf

Geschichts-Gerüst

Von den Anfängen bis zur Gegenwart

Bestell-Nr.: 0689

Das vorliegende Werk will keinen Ersatz für bereits bewährte Bücher dieser Art sein, sondern einem Auswahlprinzip huldigen, das speziell auf weiterführende Schulen zugeschnitten ist.

In vier Teilen werden die einzelnen Epochen vorgestellt und Wesentliches hervorgehoben.

1. Von der Antike bis zum Beginn der Völkerwanderung (ca. 3000 v.Chr. bis 375 n.Chr.).
2. Von der Völkerwanderung bis zum Ende des Mittelalters (375-1268).
3. Vom Übergang zur Neuzeit bis zum Ende des 1. Weltkriegs (1268-1918).
4. Vom Beginn der Weimarer Republik bis heute (1918-1994).

Für die Abiturvorbereitung und als Begleitbuch im Unterricht der Sekundarstufen breit einsetzbar.

Latein

Oswald Woyte

Latein-Gerüst

Der gesamte Stoff 'Latein' in übersichtlicher Anordnung und leichtverständlicher Darstellung mit Übungstexten, Übungsaufgaben und Schlüssel.

Teil 1: Formenlehre

Bestell-Nr.: 0552

Teil 3: Satzlehre

Bestell-Nr.: 0554

Teil 4: Übungsaufgaben und Schlüssel zur Satzlehre

Bestell-Nr.: 0555

Der Autor hat aus seiner Schulpraxis als OSTD die Schwierigkeiten der lateinischen Sprache für den häuslichen Übungsbereich aufbereitet und leicht faßbar erläutert. Lernanweisungen sollen das Einprägen erleichtern.

Mathematik

Lothar Deutschmann

Mathematik

Wegweiser zur Abschlußprüfung Mathematik I, II + III an Realschulen.

Anhang: Reifeprüfungsaufgaben.

Bestell-Nr.: 0644

Ein erfahrener Praktiker erteilt Nachhilfeunterricht in Mathematik für RS.

In anschaulicher Weise werden den Benutzern Aufgaben aus der Mathematik an RS vorgeführt, erklärt und mit Lösungsweg und Lösungen beschrieben.

Ruth Kirchmann

- Die 4 Grundrechenarten

Bestell-Nr.: 0488

- Bruchrechnen

Bestell-Nr.: 0489

- Prozentrechnen

Bestell-Nr.: 1413

Wenn Schüler vor Mathematik zurückschrekken, so liegt es häufig an den Lücken, die irgendwann entstanden sind und das Verständnis des ganzen folgenden Unterrichtsstoffes blockieren.
In diesen Nachhilfebüchern, die auch zum Nachlernen für daheim geeignet sind, finden sich Schüler schnell zurecht.

Friedrich Nikol/Lothar Deutschmann

Algebra

Übungs- und Wiederholungsbuch für die 9. und 10. Jahrgangsstufe.

Bestell-Nr.: 0645

Ein bewährtes Buch für häusliche Arbeit und zur Nachhilfe!

G. Joachim/W. Joachim

Formelsammlung Mathematik

5. - 10. Schuljahr

Bestell-Nr. 1408

Alle wesentlichen Definitionen, Gesetze und Formeln aus dem Mathematik- und Informatikunterricht.

Physik

Thomas Neubert

Formelsammlung Physik

8. - 13. Klasse

Bestell-Nr.: 1403

Bis zur Abiturvorbereitung werden die wesentlichen Formeln und Zusammenhänge der Physik für den Unterricht aufgezeichnet. Klarer und logischer Aufbau verschaffen einen schnellen und leichten Überblick in den Bereichen Mechanik, Optik, Wärmelehre, Elektrizitätslehre, Atom- und Kernphysik sowie spezielle Relativitätstheorie.

Johannes Lorenz/Lothar Deutschmann

Physik-Gerüst

Übungs- und Nachhilfebuch für die Sekundarstufe I

Bestell-Nr.: 0617

Die Grundlagen der Physik werden hier in übersichtlicher und leicht faßlicher Darstellung den Benutzern vorgelegt.
Aus dem Inhalt: Meßkunde - Allgemeine Eigenschaft der Körper - Mechanik fester Körper - Mechanik der Flüssigkeiten - Mechanik der Gase - Lehre vom Schall - Wärmelehre - Magnetismus - Elektrizität - Geometrische Optik - Wellenoptik usw.

Thomas Neubert

Physik 11. Klasse

Nachhilfebuch mit Lösungen.

Bestell-Nr.: 0684

Dieses Buch basiert auf den Lehrplänen Physik 11 der verschiedenen Bundesländer. Jeder behandelte Abschnitt ist in einen Grundlagenteil und einen Aufgabenteil mit vollständigen Lösungen aufgeteilt.

Chemie

Th.Bokorny

Chemie-Gerüst

Wegweiser und Ratgeber für Schüler und Abiturienten.

Bestell-Nr.: 0674

Dieses kurze, in Tabellenform abgefaßte Vademecum der Chemie, soll kein Lehrbuch oder Lexikon sein, sondern die großen Linien und wissenswerten Teile der modernen Chemie übersichtlich klar einprägsam veranschaulichen und in Erinnerung bringen.

H. Hoffmann/Th. Neubert

Formelsammlung Chemie

9. - 13. Klasse

Bestell-Nr.: 1402

Hier wurden die wesentlichen Formeln mit ihren Anwendungsmöglichkeiten aufgezeichnet. Für den Schulunterricht und für häusliches Arbeiten ein wichtiges Hilfsmittel - echte Lernhilfe.